부친 柳用夏

之江 탄생

모친 金柔德

서울대에서

적멸보궁에서

모란봉의 미술학도

모친 경성사범 친구들(니가타)

부친 육상기록

서재에서

정 여사님과(평양여고 후배)

가족들과

가족과 함께

안성에서

정원의 기도

보이지 않는 탑

보이지 않는 탑

김대덕당 · 류지강 지음

초판 발행 2022년 04월 25일
초판 인쇄 2022년 04월 30일

지은이 김대덕당 · 류지강
펴낸이 신현운
펴낸곳 연인M&B
기 획 여인화
디자인 이희정
마케팅 박한동
홍 보 정연순
등 록 2000년 3월 7일 제2-3037호
주 소 05056 서울특별시 광진구 자양로 73(자양동 628-25) 동원빌딩 5층 601호
전 화 (02)455-3987 팩스(02)3437-5975
홈주소 www.yeoninmb.co.kr
이메일 yeonin7@hanmail.net

값 15,000원

ISBN 978-89-6253-529-7 03810

보이지 않는 탑

김대덕당(金大德堂)
류지강(柳之江)

연인M&B

서문

대덕당 김유덕(大德堂 金柔德) 씨는 저의 모친이십니다.

모친은 1911년에 평양에서 가까운 대동강변의 요포에서 태어나셔서 평양여고와 경성사범을 나오셨으며 규정에 의한 교편생활을 하시다가 서른 나이에 결혼을 하셔서 저를 두셨으며 당신의 이상을 실행하지 못한 아쉬움이 있으나 이 못난 자식을 그나마 여기까지 이끌어 주셨습니다.

돌아가실 뻔하신 50세에 유서를 남기셨으나 소생하신 후 1997년 87세로 영면하셨습니다.

제가 평생 잊지 못하고 받들어 온 유서와 서간문, 젊은 시절 작성하신 당신의 이상경과 시를 소개하면서 저의 변변치 못한 글들을 덧붙였습니다.

보이지 않는 탑의 1부는 어머님 글과 제 시(詩)의 일부이고, 2부는

제가 80 고개를 지나온 시간에 써 모았던 글의 일부입니다.

세상의 어느 어머니가 자식을 사랑하지 않으오리만 유독 그 사랑의 향훈이 높고 아득함으로 모자의 정리를 떠나 흠모하는 마음으로 어머님이 닦고 쌓으신 보이지 않는 탑을 형용해 봅니다.

저는 아직도 이 탑의 높이에 이르지 못하지만 눈 밝은 이들이 나타나면 이 탑을 조견하리라 믿으며 이 모든 분별을 밝은 이에게 바칩니다.

2022년 3월

之江 류종민(柳宗旻)

| 차례 |

제2부 천지의 고급정신

제1부

성스러운 꿈

대덕당 유서 편지

아들에게

–高3 때 주신 어머니 글 1(우바이예찬 겨울호–2011)

공부한 보람이 있도록 참되고 큰 인물이 되라. 내가 네게 항상 이르노니 수학(修學)이나 수양이나 수도(修道)나가 다 한량이 없는 것이니 알수록 배울 것이 너무 많고 닦을수록 행할 것이 너무 많고 찾을수록 깨칠 것이 너무 많은 법이야.

그런데 세상 사람들처럼 가기도 전에 값싼 아만(我慢) 우월감 만족감 자부심 나태심(懶怠心) 배타심(排他心) 변명 자아도피(自我逃避) 자포자기(自暴自棄) 등등 허세 아망(我妄) 아집을 부리지 말고 올바르고 씩씩하게 뻗어 나가라.

다음은 항상 선인(善因)을 지어라. 하시(何時) 하처(何處) 하인(何人) 하사(何事)에 조그마한 선인(善因)이라도 좋은 원인을 지으면 그것은 보이지 않는 우리네 무량복전(無量福田)에 복종자(福種子)를 심는 것으로 세세생생 몇 겁(劫)을 두고두고 우리가 거둘 선과(善果) 즉(卽), 자연적(自然的) 순리적(順理的)으로 받는 幸福[좋은 八字(팔자) 운수(運數) 운명(運命)]이 될 것이요.

조그마한 악인(惡因)이라도 지으면 그것은 화가 되고 불행 不運(불운) 苦(고) 죄업보(罪業報)가 되나니 이 불가사의(不可思議)한 인과법(因果法) 인연법(因緣法-인과로 生함) 윤회법(輪廻法-인연으로 生함)은 내가 역력히 보고 깨쳤으니 의심할 바가 없도다.

그런데 현세(現世)는 악인(惡人)이 득세(得勢)라 악인(惡人)이 잘 되는 수가 있지만 그것은 다 영구(永久)한 것이 아니고 또 전생관계(前生關係)가 있는지라 인생이라는 것이 시간적 공간적(空間的)으로 유구무한(悠久無限)한 것이니 어찌 일시적, 순간적 현실만 가지고 논(論)하리요. 조그마한 지혜와 얕은 판단으로 미혹(迷惑)하지 말라. 결코 미신(迷信)이 아니고 철리(哲理)이며 엄연한 법칙이니라.

그것을 모르고 우인(愚人)들이 온갖 표면적 환혹적(幻惑的) 구설(口舌)과 기교(技巧)와 가장과 기만과 허욕(虛慾)과 수단과 투쟁으로 전생원인(前生原因)이 없는 호결과(好結果) 성공을 일시에 조작(造作)하려 하니 바쁘고 괴롭고 허둥지둥 갈팡질팡 부질없는 애만 쓰고 있는 것이요, 또 일시적 목적을 달성할지라도 영구(永久)치 못하여 모두 꿈과 같고 환(幻)과 같고 거품 같으며 이슬 같고 번개 같고 그림자 같으니라. 그러니 항상 공부(工夫)에나 행(行)이나 삶에 진실(眞實)한 노력을 계속하고 실력(實力)을 가지라.

다음은 自他(자타)가 一如(일여)라. 이 험악하고 거칠고 메마른 세상을 좀 心的(심적)으로 平安(평안)하고 여유 있게 살려면 이 心境(심경)에 도달해야 된다고 본다.

自他(자타)가 따로 없나니 서로 사랑하고 도와주고 所重(소중)함이 꼭 나와 같을진대 서로 싸울 것도 없고 미워하고 원망하고 시기 질투 모략 중상할 것이 없으니 他(타)도 역시 나와 같을 지니라. 他(타)는 我(아)의 거울이야. 나의 마음이 어김없이 反影(반영)되는 법이니 모두 나의 마음이 根本(근본)이 되느니라.

한 걸음 더 나아가서 他(타)를 爲(위)하여 自我(자아)를 버림이야. 그보다 더 거룩한 일은 없느니라. 그것은 당장에는 막대한 손해가 되는 것 같지만 보이지 않는 福(복)의 셈수에 들어가서는 反比例(반비례)가 되어 절대로 損失(손실)이 아니니 사람이 어리석어 이 未知數(미지수)의 셈을 할 줄 모르고 또 根氣(근기)가 약하여 未達(미달)하는 까닭이라.

부처님과 예수님은 그것을 철저히 완성한 분이요 凡夫下根衆生(범부하근중생)과의 差異(차이)가 거기 있느니라.

(계속)

아직 年少(연소)한 너에게 現實(현실)에 맞지 않는 이러한 精神的(정신적) 根本問題(근본 문제)를 들어 말함은 너의 心性(심성)을 理解(이해)함이요 이러히 성장하기를 바라는 나의 唯一(유일)의 慾望(욕망)이요 所願(소원)이라.

이러한 정신으로 살아가면 비로소 안정할 것이요 泰然自若(태연자약)하여 搖搖不動(요요부동)하고 無主不着(무주불착)하여 나의 마음이나 세상이 다 和樂(화락)할 것이고 物質的(물질적) 現實主義(현실주의)로만 나가면 항상 불안하고 散亂(산란) 초조하고 物質(물질)의 노예가 되어 괴로움과 번뇌를 면치 못하리라.

色相(색상-財物(재물), 地位(지위), 名譽(명예), 子息(자식), 異性(이성), 愛情(애정) 등등)은 無常(무상)하여 成住壞滅(성주괴멸)을 면치 못하는 법이니 너무 구애하지 말지로다.

그러나 青春(청춘)의 希望(희망)과 抱負(포부)를 버리라는 말은 아니다. 價値(가치)를 위해 理想(이상)을 위해서는 끝까지 노력할 것이요 그것이 生(생)의 眞理(진리)가 아니겠는가.

우리는 지금 말할 수 없는 물질적 逆境(역경)에 있으나 나는 아직 네가 돈을 잘 벌어 오는 아들이 되라고는 하고 싶지 않다. 어디까지나 自我(자아)의 完成(완성), 眞我(진아)를 찾으라 하고 싶다. 물질이라는 것은 자연히 그게 따라오는 것이라야 참된 것이라고 생각한다.

그러니 너로서 나아갈 길은 藝術(예술)이나 敎育(교육)이나 學術硏究(학술연구)나 宗敎(종교)를 指向(지향)해서 꾸준히 꾸준히 노력하라.

위대한 飛躍(비약)과 發見(발견), 覺醒(각성)과 創作(창작)이 있기를 祝福 祝福(축복 축복)하노라.

몇 며칠을 한 자씩 두 자씩 근근히 기록한 이 글을 두고두고 소중히 명심하라.

이 글은 네가 용산고 3학년 時(시) 내가 死境(사경)에 헤매일 때 遺書(유서)로 쓴 글인데 그 후 몇 년이라는 세월이 흘러 너는 대학생이 되고 나는 蘇生(소생)하고 세상은 몇 번이나 바뀌고 인심은 새로워지고 역시 惡(악)은 물러가고 참됨이 승리를 하는 것을 보니 나의 信念(신념)의 글이 愚言(우언)은 아니었었다고 생각하는데 네가 그동안 이 글을 잊지 않고 다시 한 번 보고자 하니 기특하여라.

이 글은 간단히 튀어나온 것이 아니라 너희 어머니 50 平生(평생)을 걸어 나오며 한 가지 한 가지 行(행)하고 느끼고 닦고 쌓은 눈물과 피와 땀의 마음의 搭文(탑문)이라 하겠도다.

오! 나의 創作(창작)이여 이 塔(탑) 위에 너의 高貴(고귀)한 塔(탑)을 드높이 세워다고.

1960년 大德堂

미대 지원 시 주신 글

인생은 짧고 예술은 길다 하였으니 편안한 생활만으로 족(足)하다면 동서고금(東西古今) 찬란한 문화는 누가 창조(創造)하였으며 비범(非凡)하고 거룩한 일들은 어찌 하였겠느냐.

그것은 우연함이 아니요 모든 고난(苦難)과 형극(荊棘)의 길을 극복한 나머지의 빛, 결과가 아니겠는가?

인생은 잠간잠간 이 세상에 생멸(生滅)하는 오랜 겁(劫)으로의 연속적인 존재요 잠간 동안 나왔다 갈지라도 가치 있는 일을 하면 그만큼 나의 식(識, 生命 眞我)이 향상할 것이요 나올 때마다 조금 더 배우고 닦고 행하고 쌓아 가는 것이 인간의 참된 삶의 의의(意義)라고 믿는다.

꿈결 같은 짧은 생애(生涯)에 무엇보다 물질적으로 화려한 생활을 하는 것도 좋겠지만 그러다가는 사람 버리기 쉽고 헛살기 쉽고 찾을 것을 못 찾고 얻을 것을 잃을 수가 있으니 차라리 고달파도 불멸(不滅)의 그 무엇을 찾는 것만 못하리라.

종(鐘)을 크게 치면 큰 소리 나고 적게 치면 적은 소리 나며 흙을 잡아 부처 만듦에 흙을 많이 잡아 크게 만들고자 하면 큰 부처 되고 작게 시작하면 작은 부처밖에 만들 수 없다 하였으니 대지(大志)와 대망(大望)을 세우고 신념(信念)과 불굴(不屈)의 노력을 하면 대원(大願)을 이루리라 하시다.

성스러운 꿈(聖夢)

무상원

적(寂)을 사랑하는 사람
번뇌와 슬픔으로 자기를 버리는 사람
비애의 고아, 버려진 사람들
은혜를 받지 못한 사람들의 집단으로 서로 구원하고, 서로 돕고, 서로 위로하는 신의 자식으로 산다.
성업원(聖業院)에서 성스럽게 일함으로서 영원히 아름답게 산다.
고아를 훌륭하게 키우고
그 천분과 능력으로 끝없이 성장하게 해 준다.
예술적인 면, 실업계, 무엇이든
그것은 성업원의 충실한 봉사에 의해
자연스럽게 그렇게 될 것이다.
무릇 타인에게 봉사하는 자 자기를 없애면서 진심으로 산다.
그러면 무상원은 지상 낙원, 현세의 이상향이 될 것이다.

이 극락정토를 운영하는 진실한 사람들아 오라.
함께 무상원의 열반토를 건설하자.

성업원(삼성원)

땅의 소금
생명의 식량
일하는 도량
흙에 바치고 흙으로 산다. 자연으로 돌아가다.
신이 내려주신 생물을 감사하며 기르고 그러므로 자신도 산다.
농목은 신의 업, 신의 모습이다.
무상원은 이 일을 함으로서 성장할 것이다.

살 수 있을 만큼의 곡류일체
성장할 수 있을 만큼의 과실일체
윤택할 만큼의 목축일체
무상원에 구제되어 신생하는 자는
이상의 것을 창조하기 위하여
그 진심 어린 일체를 힘이 닿는 한 봉사할 것
그러므로 자신도 타인도 아름답게 사는 것이다.

법락관

예술의 전당
세상에는 천재적 소질이 있어도
그 천분을 표현하지 못하는 자가 있다.
그런 사람들을 위한 연구도량, 수업도량을 만들고 싶다.
도서관
음악실
미술관
과학관
오락기관
고상한 오락 품위를 지키는 진실의 도반
참된 영혼이 고뇌하고 위로할 수 있는 도반

무상원, 성업원의 봉사로서
이것은 성업원과 무상원이 원만하게 순전하면
자연스럽게 돌아가게 될 것이다.
이상의 세 원(願)이 대이상(大理想) 대신의(大神意)의 대원(大願) 속에서
원만하게 상전함을 기원한다.
그것은 신의 뜻이므로 언젠가 반드시 완성될 것이다.

'해압산울(海鴨山鬱)에서 일 불상이 일심으로 합장, 회불, 예배함을 보고 그 불상은 분명히 공덕을 성취할 것이다.'라는 태몽으로

태어나 사는 나.

무언가 기묘한 인연과 신의(神意)가 있는 것은 아닐까?
어릴 때부터 불교 이야기에 이상한 감동이 있고,
출가를 꿈꾸며 평소의 차분한 심경도 예사롭지 않아(보고, 듣고, 느끼는 것까지)
항상 홀로 꿈을 꾸었는데 신비스러운 모습의 꿈이었다.
갸륵한 꿈에로 그 소원(小願)은 점점 정확하고 분명해져서
그것이 서로 작용하며 분출하게 된 것이다.
아, 이 성몽(聖夢)에 이르기까지 모든 환경과 사정이
자연스럽게 여기에 이르게 한 것이다.
이는 신의(神意)가 아니고 무엇이겠는가?
신은 나에게 이 신시를 내리시고
이것으로 사는 참된 뜻을 보이셨다.
신이여, 기원합니다.
'신의(神意)와 함께 성몽(聖夢)을 이루는 것을' 합장

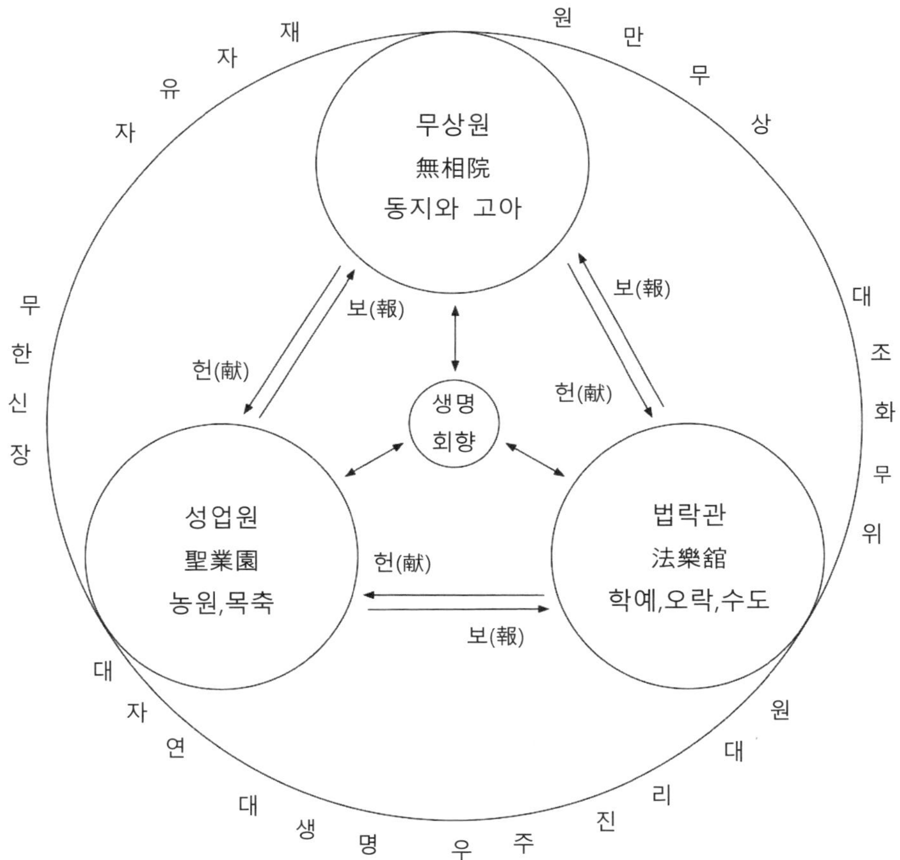
자유자재
원만무상
무상원
無相院
동지와 고아
보(報)
헌(獻)
보(報)
헌(獻)
생명
회향
무한신장
대조화무위
성업원
聖業園
농원,목축
법락관
法樂館
학예,오락,수도
헌(獻)
보(報)
대자연
대생명
우주
진리
대원

성몽(聖夢)의 도상

건국가(建國歌)

김유덕

1. 암울한 천지(天地)에 광명(光明)이 비춰
백두산(白頭山) 서기가 천하에 차니
삼천리강산(三千里江山)이 환희에 젖어
새 나라 새 아침이 밝게 빛나네

2. 높고 맑은 하늘에 서운(瑞雲)이 떠서
단군(檀君)님 성(城)터에 무궁화(無窮花) 피어
반만년(半萬年) 성업(聖業)을 다시 이어서
찬연(燦然)한 역사(歷史)가 영원(永遠)하리라

3. 눈 서리 흩어지고 서광(瑞光)이 비쳐
고난(苦難)받은 민족(民族)이 자유(自由)를 얻어
삼천만(三千萬) 우리 동포(同胞) 감격(感激)에 넘쳐
나라 위해 몸과 마음 아낄 것 없네

4. 암흑(暗黑)한 동산(東山)에 여명(黎明)이 와서
태극기(太極旗)의 위세(威勢)가 양양(洋洋)하리니
모두 다 힘을 합쳐 굳게 뭉쳐서
새나라 세우자 이상(理想)의 나라

애국가(愛國歌)

김유덕

1. 아세아 동방(亞細亞東方)에 빛나는 나라
단군(檀君)님 다스린 무궁화동산(無窮花 東山)
정의(正義)와 덕(德)을 닦는 순후(純厚)한 동포(同胞)
모아라 받들자 조국(祖國)을 위(爲)해

하늘에 해와 달이 떠도는 동안
천세만세(千歲萬歲) 누리세 이상(理想)의 나라

2. 아세아 동방(亞細亞 東方)에 영원(永遠)한 나라
반만년(半萬年) 역사(歷史)가 찬연(燦然)한 민족(民族)
평화(平和)의 낙원(樂園)을 건설(建設)할 우리
나가자 바쳐라 태극기(太極旗) 밑에

하늘에 해와 달이 떠도는 동안
천세만세 누리세 이상의 나라

월견초(月見草)

김유덕

컴컴한 밤중에
은근히 피는
월견초(月見草)
높은 하늘의
애인(愛人)을 사모함인가
하늘과 땅 사이에
숭고한 연화(戀花)
그러리
부세(浮世)를 떠나
외로운 산골에서
호올로
하늘의 달을 연모하누나.

빛

김유덕

어두운 암흑(暗黑) 속에
항상 빛나는 저 불빛
비 오는 밤은
어린 아기 달래는 어머니 눈동자 같고
바람 부는 밤은
방황하는 아들을 꾸짖는 아버지 눈빛과 같고
어떤 때는
중생(衆生)을 제도(濟度)하는
성자(聖者)의 눈과도 같아
나의 구(求)하는
마음의 빛과 같더라.

고기의 꿈

김유덕

어스름 달밤
연못 위에는
수없는 별들이
보옥처럼 반짝이고
물속에 나무 그림자
춤을 추니
고기의 꿈은 고요하고
구름은 묵묵히 지나가더라

풍덩-
한 마리 개구리 뛰어드니
아름답던 고기의 꿈은
산란해지고
일어나는 파문(波紋)이
못 위에 넘쳐
그 꿈이 다시 아름다울 소냐.

편물

김유덕

한 바늘 한 바늘
색 없는 실로
변하는 마음을 짜니
情熱과 理性의 꽃무늬
크고 적고 강하고 약하고
붉고 희고
아름다운 눈물과 같이
씁쓸한 웃음과 같이
복잡한 人生의 編物이여
밝은 님 앞에 드리고저.

기도

김유덕

온갖 욕심이 없는
어여쁜 마음을 갖고저
얼마나 믿고 울었으리요

끝없는 눈물이 마음속에 번져
하늘에 도는 소리

모든 것을 버리고
空이 되라고.

홀로 걷노라

김유덕

고요한 산길을
홀로 걷노라
새들과 같이 노래를 부르며

넓은 들길을
홀로 걷노라
온갖 풀들과 속삭이면서

가시넝쿨 험한 길을
홀로 걷노라
불쌍한 사람들을 생각하면서

캄캄한 먼 길을
홀로 걷노라
어렴풋이 보이는 빛을 찾아서.

꽃병

김유덕

꽃 없는 꽃병이
공허한 꿈을 깨어
하품을 하고 나서
처음으로 자기의 정체를 알았다

자기를 위한 꽃이 아니고
꽃을 위한 자기가 아닌 것을
아니
꽃을 위한 꽃병이어야 하고
꽃병을 위한
꽃이
되어야 하는 것을.

들의 신비(神祕)

김유덕

들의 신비는
수숫잎 사이에 숨어 있는지
그 가는 한 잎 한 잎의 속삭임이
같은 소리로 들리기도 하고
모두 다른 소리로 들리기도 한다

알 것 같으면서도
알지 못할 소리
수숫잎에 숨은 비밀

누구에게도
말할 수 없는 비밀
나의 어여쁜 비밀도
수숫잎에 숨겨 놓을까.

맨드라미

김유덕

쓸쓸한 맨드라미가
빨간 연지를 찍고
노란 탄식을 한다

청초한 들국화가
흰 분칠을 하고
분홍빛 꿈을 꾼다

푸른 가을 하늘
냉랭한 가을 바람이
무엇이라 웃겠는가
당연한 음양의
공전하는 법칙을.

수박

김유덕

둥그런 수박이 한 번 구를 때
무엇을 느꼈나

그 수박을 쪼개고 보니
알 것이 있더라

먹고 나니
또 生이 있도다.

귀일경

류종민 제1시집

삼각창 안에 주인도 없이
난(蘭)들만 긴 밤낮을 보냈네
밖에서는 달빛에 눈이 나리고
산들은 다가와 슬며시 누웠지

이 난을 사랑한 영혼이 있어
그 겨울은 얼마나 많은 꽃을 피웠었나
피고 지고 긴 겨울 밤
난 꽃과 호올로 얘기하시던 어머님
천지가 하이얗게 덮였는데
세상은 멀리만 있고
달빛만 흰 눈에 쏟아져 내려
유리의 벽이 허물어졌다
오, 아들아 이 장관을 보렴
생은 한번 꿈이라지만
이러히 꾸는 꿈속의 꿈은
산하(山河)를 허물어
하나로 통하네.

귀거래

류종민 작시, 박범훈 작곡, 김성녀 노래

가야지
그대 짐 벗어 놓고
왔던 곳으로 가야지

일렁이는 물결
바람 세찬 저 언덕
길 없는 길 아스라이 뻗어 있는데
하늘 고삐 잡고 내려다본다
이끄는 이 없는 수레
한 바퀴 돌려
살같이 빠른 세상
함 속에 넣고
가야지
구름처럼 그대 왔던 빛나는 그곳.

월인(月印)

류종민 제1시집

깨고 보니 없는 몸
몸이 꿈을 꾸었다
수억만 년을
몸이 나인 줄 알고
내가 몸속에 들어가는
꿈을 꾸었다

달은 천(千) 강에 비쳐
밝을 뿐인데.

하늘과 땅의 그대

류종민 제4시집

하늘과 땅이
그대 속에 녹아들어
그대는 하늘 그대는 땅

그대 샘 속의 하늘엔
샛별이 반짝이고
그대 한 웅큼 흙 속엔
반만년 나무가 자라네

그대는 산과 강
그대는 구름과 비
세찬 질풍도 그대 속에 잠자네

그대 서면 하늘과 맞닿고
그대 앉으면 땅과 하나 되네
좌정한 그대는 한 그루 나무
시간을 뛰어넘는 한 그루 나무.

영혼의 도장
–영인(靈印)

류종민 제6시집

여기 보이지 않는 한 도장을 영인(靈印)이라 이름한다
영혼의 도장은 생명의 인감(印鑑)이다
영혼은 시간 위에 날인을 하지만 그 인감은 보이지 않는다
누구도 도용할 수 없는 인감은 지상의 흐름이 순조로울 때
쓰일 일이 없다

금강석은 물체 아닌 물체다
숯처럼 다시 타 버릴 물체가 고압의 밀도를
투명한 시간 위에 남긴 것이다
영혼의 인감은 금강석이다
투명한 영혼이 이를 수 있는 마지막 정수다

괴멸(壞滅)할 몸은 실제가 아니다
실제인 영혼을 육안은 보지 못한다
영혼의 도장은 영안(靈眼)만이 볼 수 있다
영인을 보러 온 수많은 영혼들이 하나의 인감을 본다
자신의 시작과 끝이 함께 찍힌 인감을
이것은 세상이 필요로 할 때 그의 전 생애가 된다

김대덕당 수행기(金大德堂 修行記)

–금강경 독송회 회지

김대덕당(金大德堂)

김대덕당님은 평양여고, 경성사범을 나오셨고 왜정 때 예안과 포항에서 교편생활을 하신 바 있으며, 이 법에 귀의, 경주법당을 운용하시다가 화재로 회향하시고, 현재 안성의 유종민 교수(자제) 정진소에서 수행하고 계신다. 금강경 독송회 편집자 註(1990. 7. 1. 회보 37)

백성욱 박사님께서 열어 보이시고 세우시고 펴고 가신 이 큰 새 법을 김재웅 법사님으로부터 전해 듣고 칠십 평생 불법의 진리를 깨달아 보려고 헤매든 나에게는 무명장야업파랑(無明長夜業波浪)에서 광명을 만난 듯이 반갑고 그렇게 고마울 수가 없었다.

몇 겁을 드나들면서 수없이 육도만행(六度萬行)을 거듭하느라고 지쳐빠진 나는 이 윤회고를 해탈(解脫)하기 위해 명절로 다니면서 선지식을 찾고 좋다 하는 온갖 불사, 불공, 기도, 참선, 간경(看經), 서사(書寫) 등 열심히 하느라 애쓰든 평생 수행법 다 버리고 환희심에 넘쳐 공부방을 한 칸 꾸며 놓고 마음의 출가를 결심 온갖 비난과 장애를 무릅쓰고 오로지 금강경만 수지독송하고 미륵존여래불 바치는 공부만을 정진하게 된 지도 어언간 십여 성상 팔십 고개를 넘게 되었다.

그동안 깨달아진 것도 많고 속세의 인간사는 그대로 그만하면 다 이루어졌고 여법대로 실행하고 꾸준히 따라온 인연권속들과 몇 도반들도 모두 그만큼 이루어져서 이 감사함을 모두 미륵존여래불 부처님께 바친다.

나는 본시 욕심 많고 망상이 높고 커서 불의, 부정, 불순, 불미한 것을 보면 참기 어렵고 그것을 뜻대로 이루지 못하면 고통이 심했지만 그것도 다 바쳐졌고 육체적으로 오장육부가 다 고장이 나서 육 년간 사경을 헤맸으나 병원을 모르고 다 바쳐서 완치되고 혈(血), 육(肉), 골(骨), 세포(細胞)가 갱생이 되었는지 편안하고 고요하고 깨끗하며 물질적으로도 아무것도 얻고 남은 것은 없으나 매일 먹고 입고, 살림살이가 무엇이나 풍족하고 필요한 것은 그때그때 무진장 생기니 넉넉하고 만족하며 많이 쌓아 놓고도 항상 부족하고 가난한 사람보다 얼마나 부자요 이것이 아마 무량대복이 아닌가 생각이 되어 이 고마움을 미륵존여래불! 바친다.

탐내는 마음, 구하는 마음, 바라는 마음이 있으면 항상 불만이요, 부족하고 괴롭고 답답하고 불평이다. 그 마음 다 바쳐서 주는 마음, 베푸는 마음, 도와주고 싶은 마음, 바치는 마음으로 바

꿀 때 비로소 얼마나 너그럽고 풍요하고 편안하고 즐거울 수가 없다. 다 부처님으로 보여질 때가 가장 기쁘고 세상은 밝아진다. 우리는 서로서로 사랑하고 더불어 다 같이 참되게 잘 살아갈 수 있는 길이 이 수행법이 아니고는 불가능하다고 여겨진다.

나는 이전부터 내 개인의 원보다 이 사바의 현실이 너무도 어지럽고 혼탁하고 투쟁견고, 물질만능, 정신적 빈곤, 타락부패, 이 시대적 대위기(大危機)에 대전환(大轉煥)과 대혁신(大革新)이 있어야 할 이 어두운 말세를 새로 바르게 밝게 바로잡아 나가야 할 대혁명가, 위대한 지도자, 대성현이 출현하지 않으면 이 중생, 중생들끼리 어찌할 것인가. 그래서 늘 종교와 동서를 초월해서 그러한 대성이 출현하기를 갈망하든 차, 대 선각자 밝게 깨치신 백박사님을 친견하게 되어 그 감동과 환희는 무엇이라 표현하기 어렵다. 이 법이야말로 현실에 가장 맞는 최상승 정법이라고 믿게 되었다.

우리는 모두 다 굳게 믿고 바르게 실천 궁행함으로써 이 혼미한 중생 중생들의 아집 법집으로 굳어진 미혹한 이 고질적 중병을 낱낱 개개가 모두 근본적으로 내실적으로 바쳐서 꾸준히 '이 한마음' 닦아 성불해 나가지 않으면 밝은 새 시대 건설은 어렵다고 생각하기 때문에 앞으로 오실, 꼭 오셔야 하실 사랑과 평화, 공존, 공영할 지상 정토 용화세계의 창도자 미륵존여래불의 출현을 지성껏 축원할 따름이다.

미륵존여래불 공경하고 시봉 잘 하겠습니다. 금강반야 백색대광명(金剛般若 白色大光明)과 무량공덕으로 대자 대비 대원을 이루시와 광도중생(廣度衆生), 구세창생(救世蒼生)하실 대방편으로 어서 어두운 세상에 출현하소서.

미륵존여래 부처님의 밝고 바른 큰 법을 널리 펴고 모두 다 받들어 행하여서 부처님 크신 뜻대로 이루어져서 불국정도 용화세계가 건설되기를 발원.

온 법계 여러 중생들과 이 법으로 수행 정진하는 여러 선각자 선근 대중들과 인연 있는 권속 모든 사람들이 모두 다 신심, 발심, 환희심 내어 부처님 잘 모시고 금강경을 잘 읽고 다 바쳐서 모두 다 무시겁 업보 업장을 해탈 탈겁하여 모든 재앙들은 다 소멸하고(사바의 모든 재앙, 우리나라 안팎의 모든 재앙, 각 가정에 시시각각 일어나는 모든 재앙) 소원 성취하여 부처님 시봉 밝은 날과 같이 복 많이 짓기를 발원.

요새 전 세계의 대 운세가 서서히 대 화해의 방향으로 풀리는 듯하니 다행한 일이며 우리는 나라 나라끼리 민족끼리 가정 내 개개가 서로 싸우는 것만 중지하면 앞으로는 얼마든지 다 같이 잘 살 수 있는 세상이 될 것인데 싸우면(투쟁, 갈등, 반목, 대립) 다 같이 자멸이라는 것을 깨달아서 대화합 전 세계 평화가 될 때 미륵부처님의 크신 뜻이 이루어져 앞으로 아세아 전 세계의 주도국이 된다는 예언이 멀지 않아 이루어질 수 있도록 우리는 모두 최선을 다해서 용맹정진하여 새 세상에 살 만한 자격자가 되어 부처님 기쁘게 해 드리고 부처님 심부름 시봉 잘 하길 발원.

이 공부를 시작하고 3년째 지은 노래(금강 노래), 6년째 지은 노래(열반), 근년의 생멸 노래 중 금강 노래는 길어서 생략하고 후자 둘을 적어 본다.

육 년째 '열반'
아이구나 가진 것이 너무 많어라

아는 것이 너무 많어라
구하는 것도 너무 많어라
과거세 한 일도 억수요 미래세 할 것도 태산이네
이 마음으로 이처럼 삼라만상 온 법계를 벌려 놓고
오계(悟界)와 미계(迷界)는 엄청나게 벌어졌는데
해는 저물고 갈 길은 바쁘구나
아서라 말아라
몽땅 바쳐라
비었다 텅! 텅! 밝음이요(佛) 고요함이요(法) 깨끗함이요(僧)
한 티끌도 걸림이 없으니 편안하고 즐거워라
이것이 열반인가?

근년 '生滅'
가는 해 오는 해
새해니 묵은 해니
어제와 오늘 또 내일
때는 흘러 흘러 팔십 바퀴
무엇이 새롭고 얼마나 커나는고
한없는 시공 속에 무엇하러 어찌하여

온다 간다 하는고
한 찰나 길다 짧다 말아라
있고 없고, 곱고 밉고, 많다 적다
탓할 것도 없는 것을
한 티끌 한 티끌 알알이 다 바쳐서
영원 영원, 그러 그러 하리라
부처님같이, 부처가 될 때까지.

금강(金剛) 노래

대덕당(大德堂)

一.

금강경(金剛經)을 독송하여
삼독번뇌(三毒煩惱) 몰아내고
육바라밀약(六波羅密藥)을 삼아
사상독충(四相毒蟲) 쓸어내어
분별망상(分別妄想) 다 바쳐서
텅텅 비고 고요하니
한 포기의 보리수는
무럭무럭 자라나고
가지마다 공덕화(功德花)가
몽실몽실 피어나고
줄기마다 복덕과(福德果)가
주렁주렁 열리나니
이것이 인법(人法)이요.
불법(佛法)이라 하노메라.

二.

녹양춘(綠陽春) 춘삼월(春三月)에
백우(白牛)를 잡아타고

모습 노리할 것인가
마음공부할 것인가
절을 찾아 가거들랑
복(福)만 빌고 오지 말고
주인공(主人公)을 찾아 뵙고
일대사(一大事)나 의논하소
님을 만나 좋을시고
내 고장이 좋을시고
극락 노래 불러 보세
극락 춤을 추어 보세
이문둥둥 둥둥이문
태평가나 불러 보세.

三.
천상천하(天上天下) 여러 중생
불법(佛法)으로 마음 닦아
살아생전 고통 없이
놀음놀이하다 가서
사후에는 왕생정토(往生淨土)

본 고향에 돌아가서
부처님을 뫼시옵고
불법(佛法)수행하여 보세
윤회영단 증득하면
오고 감이 자유자재(自由自在)
공적(空寂)한 것 내 집이라
열반낙을 누려 보세
세세생생(世世生生) 몸받으면
법수레(法輪)나 굴려 보세.

四.
일단고명심지월(一段孤明心地月)은
만고(萬古)에 밝았는데
무명장야업파랑(無明長夜業波恨)에
길 못 찾아 다녔도다
이 마음을 쓰는 대로
요 모양 요 꼴인데
아상 인상(我相 人相) 다 버리고
아집 법집(我執 法執) 타파하니

실상(實相)이 비상(非相)인데
아닌 상(相)은 또 무엇인고
진상(眞相)을 알았다면
부처님이 우습다네
알았다는 그것마저
부처님이 우습다네.

五.
청산(靑山)은 묵묵하고
녹수(綠水)는 잔잔한데
청풍(淸風)이 쓸쓸하니
이 어떠한 소식인가
교교(皎皎)한 야월하(夜月下)에
원각산정(圓覺山頂) 선뜻 올라
무공적(無孔笛)을 비껴 불고
몰현금(沒絃琴)을 높이 타니
무위자성(無爲自性) 진실낙(眞實樂)이
그중에 갖추었더라
삼라만상(森羅萬象) 벌려 놓고

진공묘용(眞空妙用) 제멋대로
이런 풍류(風流) 또 있을까
이런 멋쟁 또 있을까
이문 둥둥 둥둥 이문
어화자차 좋을시고.

六.
여러 불자 보살님네
제발 애착 버리시고
아공 법공(我空 法空) 다 비어서
빈손 들고 가실 것을
무엇 하러 천 날 만 날
걱정 근심 하는 거요
모두 다 허망한 꿈
거품 같고 환 같으며
번개 같고 이슬 같아
믿을 것이 없는 것을
어찌하여 알뜰살뜰
쥐고 놓지 못하는고

어이하여 갈팡질팡
쉬어 풀지 못하는고
무엇이 있고 없고
많다 적다 앙탈이요.

七.
우습도다 가엾어라
이 한 소식 깨달으면
그 자리가 피안이요
부처 된다 하노메라
착한 이만 모여 살을
용화세계 좋을시고
너도 나도 할 것 없이
한 집안이 될 것인데
오는 세상 밝을 세상
풍만하고 자유롭고
차별 없는 고운 세상
서로 웃고 서로 도와
밉고 곱고 옳고 그르고

탓할 것도 없을 것을
네 것이라 내 것이라
가릴 것도 없을 것을
우담바라 활짝 피어
자타일시 성불도라
이문둥둥 둥둥이문
금강 노래 불러 보세
지화자차 좋을시고
금강 춤을 추어 보세
금강반야바라밀
금강반야바라밀일세.

八.
금강경을 독송하고
금강경을 공부(工夫)하세
여래(如來) 마음 다 알아서
그 뜻대로 행해질 땐
미륵존여래불이
웃으시며 오신다네

물장난과 불장난이
너무도 치성하니
구할 님이 오신다네
건질 님이 오셔야네
몸의 병과 마음 병이
만신창이 되었으니
큰 의왕(醫王)이 있어야네
고칠 화재(華材) 나와야네.

九.
모습 놀이 놀음 놀이
극도에 달하여서
부처님이 노하셔서
한 방망이 크게 치면
벌려 논 것 헛탕이라
고스란히 멸할 것을
우리 먼저 번쩍 깨여
시시각각 일어나는
중생(衆生) 병을 몽땅 바쳐

부처님께 회향(廻向)하세
아름 아리 온갖 장난
연극영화 여관신세
몇 천 만겁 연습해 온
묵은 태장(台張) 각색 각본(脚本)
부처님께 다 바쳐서
깨끗하고 고요하게
밝은 빛의 시종 되어
부처님께 시봉 드세.

十.
부처님을 뫼시옵고
불국정토 이룩하세
한 집안 한 국토에
한 살림 한 법일세
우담바라 활짝 피어
새 세상이 되였구나
새 물결 새 시대
새 역사가 창조되네

부처님의 크신 뜻이
이제서야 이뤄지네
이문둥둥 둥둥이문
어화자차 좋을시고
금강반야바라밀
금강반야바라밀일세.

대덕당 일대기

지강 류종민

어머님의 고향은 평양에서 멀지 않은 대동강 변의 해압산을 뒤로한 요포이다.

저의 외조부께서는 그곳에서 상당한 재력가로서 예술적 향유를 즐기시고 철학적 사고도 많으신 여러 이설을 내놓으셨는데 저더러 그것을 그림으로 그리게 하신 세계의 구조가 생각난다. 한 사람의 거대한 몸속에 수많은 미시세계가 존재하는 지상과 천상의 세계였다.

그리고 3천 년 예언을 하셨는데 그것은 지금 거의 실현 가능한 것으로 지능위주의 인간의 몸이 가벼워져서 비거(飛車, 날아다니는 수레)를 타고 다니며 사람끼리의 소통이 빠른 속도로 이루어진다는 지상낙원이다. 그리고 풍류를 좋아하셔서 모든 종류의 현악기를 갖추어 놓으시고 신선당이라 이름 붙이셨다.

그리고 당신의 말이 통하는 분을 만나시면 끝없는 대화로 시간을 잊는 분이셨다.

그러한 혈통이 어머니에게도 이어졌는지 어머님은 지성적이면서도 감성이 풍부하셔서 철학적 사유와 예술적 감성이 그 표현 능력과 함께 뛰어난 분이셨다.

평양여고를 다니실 때 미술반이셨는지 대동강 모란봉에서 지도 선생님과 함께 화구를 들고 찍은 사진이 있고 경성사범을 다니실 때 여러 동료 중에서도 이젤 앞에서 그리시는 모습이 있다. 아마도 당신의 뜻대로라면 경성사범을 마치시고 규정의 복무를 하신 다음 동경으로 유학하셔서 우에노 미술학교를 가시지 않았을까 한다. 실제로 어머님의 제자 중 한 분이 우에노 동경미술학교를 나오시고 서양화 한 폭을 기증하셔서 좋은 액자에 넣은 그림이 걸려 있던 생각이 난다. 그분이 요절하시는 바람에 화단에 그 이름을 남기지 못한 아쉬움이 있다.

어머님에게는 고모가 한 분 계셨는데 이분 역시 평양여고를 나오시고 어머님께 많은 영향을 주셨는데 종교적으로도 기독교였던 어머님이 고모의 소개로 그때 발간된 불교 서적들을 많이 탐독하시고 심취하시면서 불교의 깊이로 경도되지 않았나 한다.

또 한 분 머리가 비상하신 삼촌이 계셨고 그 따님이 어머님의 사촌동생이신 김윤월 씨인데 역시 평양여고를 나오시고 경성사범에 수석으로 합격한 수재이셨다.

경성사범은 지금의 서울대학교 사범대학이 되었는데 총동창회 명부에 어머님과 함께 등재되어 있다. 그분은 사리원에서 병원을 차리신 부군과 행복한 가정을 꾸리셨는데 가족과 함께 월남하지 못하고 말았다.

사실은 요포에 터반을 이룬 이 대가족이 월남을 하게 된 연유는 이러하다.

외조부께선 총명한 동생을 맹장염으로 잃고 허무에 빠져서 만주로 유랑생활을 하시게 되었는데 그때 어머님의 고모부(메이지대학 법과 졸업)께선 법조계에 실망을 하시고 포항으로 내려가셔서 상회를 차리고 계셨는데 어머님께선 경성사범 복무규정에 따라 예안으로 가셨는데 그곳은 양반 도시로 전직 여선생님이 거부반응으로 퇴출당한 곳이어서 각별한 임무를 띠고 부임하셨고 원만한 호평을 받은지라 1년 복무 후 원하는 곳으로 갈 수 있도록 되었고 당신 고모가 있는 포항으로 전출을 가게 된 것이었다.

그곳에서 교편생활을 하시면서 어느 때 학생들과 원족을 하시다가 숲이 울창한 한 분지를 발견하고 그곳에 당신의 이상을 펴보고 싶은 생각이 들어 그곳을 과수원과 농장으로 개발하고 방랑 중인 부친과 대가족을 모셔 오고 싶은 생각을 하게 되었다.

한 생각이 한 세계를 만드는지라 어려운 과정을 거쳤지만 이것은 머지않아 실현이 되고 일본에 우수한 묘목을 주문해 여러 신품종의 과목들을 들여와 약 3천 주의 과목이 자라게 되었다.

외조부께선 좋아하시면서 남쪽에서 대가족을 새로이 꾸려 나가시게 되었다.

그 이름도 삼성농원이라 짓고 들어가는 첫 골짜기엔 신선당을 지어 20여 종의 악기가 진열되었다. 과일도 종류가 많아 얼음이 박혔다는 신품종의 사과 델리시어스, 이십세기 배, 층층이 심어진 자두, 복숭아, 단감 등 그 이름을 다 외우기 힘들다. 한 5년이 되어 수확이 시작되면서 사람들이 찾아올 땐 다 평안도 말을 쓰는 사람들이 모여 있으니 평양과수원이라 부른 듯하다.

대가족을 부양하는 일로 혼기를 놓친 어머님은 자기 이상을 찾아 나서지 못하고 고모의 권유로 서른에 결혼을 하게 되었는데 신랑인 아버님은 한 살 위셨고 대구상고를 나와 금융조합에 근무하셨으며 학창 시절엔 육상선수(400m 한국기록)로 이름을 날렸고 럭비 주장까지 한 분이셨다. 본향은 풍산 하회고 바로 서애 유 성자 용자(유성용)의 백부이신 겸암 유 운자 용자(유운용)의 14대 손이시어서 자랑할 양반 가문이었다. 그런데 일찍이 장가드셔서 3남 1녀를 두셨으니 장녀는 거의 결혼할 나이에 이르렀고 맨 아래 삼남은 아직 어린 상태에서 상처를 하신 어려운 상황이었다.

아마 어머님께서는 권유에 못 이기시는 마음과 헌신의 마음이 함께 작용하셔서 결단을 내리신 게 아닌가 한다. 그래서 내가 태어났고 외조부께선 나를 비유해서 설총을 얻었다고 하셨다지만 과연 내가 무슨 인연으로 여기에 태어난지는 불가지다. 다만 어머님이 발원하시기에 원효대사나 김유신 장군 같은 큰일을 할 아이를 바라셨던 것 같은데 나 같은 사람을 낳았으니 많이 못 미치는 것을 어쩔 수 없다.

그러나 어렸을 때부터 내 재능을 귀히 여기시고 혼신의 정성을 다하여 교육하셨고 그 자료가 남아 있다. 예를 들면 내가 보관하고 있는 스크랩북에는 세 살 때부터 연령별로 그린 그림이 남아 있고 다섯 살 때 지은 동화집, 동요집이 있으며 아이의 작품이라고는 믿기지 않을 정도라는 얘기도 들었다. 그러나 어머님은 루소의 에밀론을 신봉해서 스스로 깨치도록 교육하셨으며 가급적 인위적인 것을 삼가셨다.

신동이라는 얘기를 듣고 자란 나는 학교에 들어가면서 많은 다른 환경에 적응하느라고 힘이 들었으며 나는 왜 평범하지 못할까 하고 평범한 것을 부러워하기까지 하였다. 사실 재능이 있다는 것은 좋기도 하지만 고통스럽다는 것은 사실이다. 그러나 그 고통의 가치와 의미를 깨닫게 해 주셨음으로 나는 고통을 이겨내는 법을 배웠다.

이후 부친은 금융조합 이사로 여러 곳을 전전하셨고 그런대로 청렴 충실한 근무를 하신 것으로 아는데 마지막 근무지에서 아랫사람의 부정으로 책임을 지고 그만두시게 되었으며 그때 수산청에 근무하던 사위의 권유로 장생포의 포경회사를 인수받아 전혀 인연이 없는 고래잡는 일을 경영하시게 되었다. 그 회사는 과거 원양어업까지 한 큰 회사여서 사택에는 여러 가구가 남아 있었다.

참으로 이 기간은 어머님이나 나에게 전혀 색다른 세계를 경험하게 하였으며 나는 그때 용산고등학교를 다니면서 방학 때는 내려가 잡아올린 거대한 고래를 해부하는 진기한 풍경을 보곤하였던 것이다. 그러나 불행하게도 우리 포경선은 고래를 잡지 못하였으며 다른 포경선에서 잡은 고래를 해부하고 기름을 짜 처리하는 일만 하였으니 막대한 운영비를 감당할 수 없어 포기할 수밖에 없었다. 그 일로 여러 사람에게 피해를 주었고 말할 수 없는 허무를 맛보게 되었다.

이 일로 어머님은 병환으로 돌아가시게 되었으며 내가 용고 3년 시에 쓰신 유서는 이렇게 작성되었던 것이다. 나는 그때 어머님을 잃을 뻔했던 허무를 말로 다 표현할 수가 없다. 금강경 사구계의 개시허망 족자를 어릴 때부터 보아 왔지만 실제의 인생허무를 뼈저리게 느꼈던 것이다. 그러나 어머님은 소생하셨으니 방에 있는 화분에 작은 풀 한 포기가 난 것을 보시고 생명의 내기를 거셨다 한다.

만일 저 작은 풀이 죽지 않고 살아난다면 소위 만물의 영장이란 내가 이러히 죽어야 되겠는가, 저 풀이 살아나면 나도 살아나리라 하여 소생하셨다 한다. 나중 어머님 서가에 「생명의 실상」이란 다니구찌 마사하루의 책을 보고 또 번역판이 나온 것을 만나 많은 도움을 얻었는데 금강경에도 실상이란 말이 나오지만 생명의 실상은 육체를 뛰어넘은 곳에 있다는 것을 나도 깨달았던 것이다.

그리고 회사를 처분하고 남은 적은 돈으로 아버님은 경주에다 허술한 집을 마련하시고 소생하신 어머님과 새 생활을 하시게 되었다. 나는 그때 허망한 가운데 의미를 찾아 미리 작정한 미대를 가게 되었는데 경주를 내려가 보니 허름한 이층이었는데 여러 개의 방중에 마침 이층 깨끗한 방이 하나 있어 그 창문으로 봉황대가 바라보이는 정취가 있었다.

그 방에 그래도 멋있는 유품의 장을 들여다 놓고 족자를 내리니 작은 공간이지만 꿈의 전당이 하나 생겼고 어머님의 옛 장서도 작은 서가에 채워서 젊은 사유의 공간이 되었다. 그리고 나중 다른 방은 화실로 법당으로 전용하였다. 나는 어머님이 소생한 것이 꿈만 같아 이 하나만으로도 감사하였으며 더할 나위 없는 은혜를 어떻게 갚을까 하였다. 고등학교 때 사형들과 지내던 누님 집을 떠나서 대학 들어가면서 고모 할머님과 인연된 좋은 집안의 가정교사로 들어가게 되어 좋은 시간을 보냈는데 처음에는 가르치는 제자가 잘 따르고 정신적 영향도 많이 주었으나 오래 못 가 그만두게 되었고 학비 조달은 병참 장교로 있던 형의 도움이 많았으며 4.19와 5.16을 겪으면서 격동의 대학생활을 이겨 나갔다.

그러나 나는 방학 때면 경주에 내려가 새로운 사람들을 많이 사귀게 되었고 정신적 고향을 찾은 기분이었으며 고도의 문화예술과 문물에 심취되기도 하였다. 이후 ROTC 복무를 마치고 또 훌륭한 스승을 만나 환희로운 시간도 갖게 되었고 높은 정신세계의 향유를 교감하였다. 그 글은 이 책의 다른 장에 쓴 것으로 대신하고 이후 나는 혼신의 정열을 바친 작품으로 대구에서 첫 개인전을 가진 후 상경하였다 어머님은 경주의 대덕 스님이나 선지식을 많이 접하게 되었으며 중요한 소임을 맡아 봉사도 많이 하게 되었다.

전에 금오 큰스님과 서신 왕래가 있었다는 말씀은 들었는데 그 자료를 찾지 못한 것이 아쉽고 열반하셨을 때 용주사를 찾아갔던 생각은 난다. 그리고 어머님은 용성 스님의 문도이신 도문 스님이 주석하신 경주 중생사의 신도회장을 하셨는데 그 절에는 도문 스님이 모시고 있는 동헌 스님이 계셨고 이분이 금강경을 잘 쓰셔서 병풍을 꾸밀 수 있도록 옆에서 시봉하는 일도 하셨다.

도문 스님의 영향 아래 발심하고 스님이 되신 몇 분 중에 보광 스님도 자주 접하게 되셨는데 나중에 동국대학 총장을 역임하신 보광 스님은 어느 강연 좌석에서 "유 교수님 어머님이신 대덕당 보살의 지성과 자기들께 베푼 보시행을 잊을 수가 없다."는 말씀을 해 50여 년 전 일을 잊지 않고 있구나 하고 놀란 적이 있다. 아마도 어머님은 가시는 곳마다 그 진가를 알아보는 눈 밝은 이들이 있어 귀히 여기는 존경을 받았다.

경주에는 집에서 멀지 않은 곳에 포교당 성격의 법장사가 있었는데 내가 자주 참배하던 곳이며 한번은 어머님이 예불 좌정하신 뒤에 조용히 앉아 있는데 어머님의 몸에서 광채가 나며 후광을 발하시는 것을 보고 형언할 수 없는 환희를 느낀 적이 있었다. 보살이 정화되어 그 일심이 청정해지면 그 본래의 불성이 드러나 광휘를 발하는구나 하고 감읍하였다.

정토종의 한 스님은 대덕당은 이제 아미타경을 독송정진하여 정토에 왕생하라고 하셨고 과거 적색 폭동사건이 난 어려운 시기에 관세음보살의 가피로 아버님을 구하신 적도 있어 그 정진을 하는 중에 김재웅 법사를 만나서 새로운 발심을 하게 되었고 백성욱 박사님의 금강경 독송과 바치는 법 수행에 귀의하게 되면서 법당을 마련하여 문도들과 수행하게 되었다.

상당한 정진이 있은 후 백 박사님의 방문을 받게 되었는데 어머님의 여러 전생을 말씀하실 때 체루비읍하시며 전생의 업장을 녹이셨는지 감읍하셨다고 한다. 그리고 경주에 삼국을 통일한 분이 있는데 이 사람의 법이 서야만 남북이 통일될 것이라고 하셨다 한다. 그분이 과연 누구일까 분별하지 말고 바칠 뿐이다.

어머님은 아래층에 생계를 위하여 수예점을 내셨는데 경주의 고적을 디자인해 병풍도 만드시고 여러 가지 도안을 많이 창안하셨다. 그리고 불행한 사람들이 찾아오면 많이 도와주시고 억울한 사람들은 자문도 해 주시고 하셔서 어려운 사람들의 상담소가 되었다. 그러나 점점 연로해지심에 따라 모셔야 되겠다는 생각이 들었는데 나는 마침 84년 중앙대학교 안성캠퍼스로 오면서 학교에서 멀지 않은 산속에 작업실을 마련하게 되었고 경관이 좋아 이곳으로 모셨으면 했는데 마침 작은 화제가 난 것이 계기가 되어 극적으로 모시게 되었다. 그곳은 바로 위에 절이 있고 밤나무에 둘러싸인 못이 있어 멀리 바라보이는 시야와 함께 경관이 아름다웠고 자연을 좋아하시는 어머님의 적성에도 맞는 곳이라 아버님과 함께 좋아하셨다.

나는 뒤늦게 등단한 시인이 되어 이곳에서 첫 시집이 저절로 쏟아져 나왔고 아마도 그 속에는 어머님을 그린 몇 편이 있다고 생각된다. 모르는 사람들은 시 속에서 어머님이 어떻게 그런 사유와 표현을 하셨을까 생각하겠지만 어머님을 아신다면 그 시는 당연한 표현이라 할 것이다. 어머님을 표현한 시의 연작은 아직 완성되지 않았다. 어쩌면 영원한 미완성이 될지도 모르지만 언젠가 연이 되고 감흥이 살아나면 그 시를 완성하고 싶다. 몇 번의 허무를 짚고 다시 소생하는 생명의 시를 완성하고 싶다. 인생은 짧고 예술은 긴 것이니까.

1997년 말에는 IMF가 터졌는데 바로 그해 나는 한국교수불자연합회 회장을 맡아 몹시 바빴고 10월달에 독일 함부르크에서 한국 불교예술 문화제를 개최하는데 그 행사를 맡아 가지 안으면 안 되게 되었다. 혜암 종정께서도 그 문도들과 함께 참석하시는 중요한 행사였다. 그런데 그때 어머님은 편찮으셨고 내가 독일로 떠나야 될 즈음에는 돌아가시는 갈림길이 다가온 듯하였다. 어찌해야 할 바를 모르고 있는데 어머님께서 단호히 말씀하셨다. "큰 행사를 맡아 네가 꼭 가야 할 듯하니 네가 돌아올 때까지 부처님이 호념하신다면 내가 안 죽을 것이다. 그러니 안심하고 다녀오느라." 나는 그 말씀에 확신과 용기를 얻어 독일로 떠났던 것이다. 그리고 많은 사람과 단체가 동원된 어려운 행사를 무사히 끝내고 돌아왔는데 어머님은 기다리시다가 일주일 후에 돌아가셨다.

50에 유서를 쓰셨는데 그래도 37년을 더 사시고 87세로 운명하셨다. 그래도 아버님보다 1년을 더 사셨다. 그리고 얼마 지나지 않아 IMF가 터졌다. 나는 행사를 잘 치르고 와서 감사의 기도를 올렸는데 뒤늦게 사무총장의 미진한 일 처리로 큰 고통을 당하였다. 그러나 돌아가신 어머님은 그것을 모르고 기쁜 마음으로 회향하셨으니 천만다행이었다.

범소 유상은 개시 허망이라지만 이 세상에 한번 다녀가는 일이 쉬운 일이랴. 어려운 사바세계, 참을 만한 인토의 세계에서 그래도 즐겁게 참을 수 있는 예술의 길을 걸으며 부처님 시봉하는 법을 배웠으니 얼마나 고마운 일인가. 참나를 찾으라고 하신 말씀을 가슴에 새기고 이 길을 끝까지 걸어가리라.

육신으로보다 영혼으로 살으신 분. 무아가 되어 남을 섬기신 분. 가장 낮은 곳으로 임하여 불행한 사람들의 벗이 되었던 분. 가치와 의미를 찾으며 살도록 길을 인도하신 분.

이생에 그분을 어머니로 모시게 되었음을 감사하나이다.

제2부

천지의 고급정신

천지(天池)의 고급정신

–1989년 9월 12일, 서울신문

지강 류종민

지구촌의 곳곳에 아름답고 신비한 자연이 한둘이 아니지만 백두산천지(白頭山天池)에서 접한 감회는 우리 민족이면 다 그러하겠지만 각별한 바가 있었다.

교수불자연합회(敎授佛子聯合會)에서 돈황(敦煌) 순례를 마치고 천지에 오른 것이 칠석날이었는데 아주 쾌청한 날씨여서 천지(天池)의 장관은 더욱 아름답고 신비스럽게 비쳤고 돌아와 생각하니 그곳에서 나는 고급정신을 만났었던 것이 아닌가 하는 생각이 들었다.

물론 우리의 절박한 염원이 통일이고 한라산(漢拏山)에서 노교수님이 가져가신 흙으로 그 염원이 백두산의 흙과 합쳐지는 합토제를 가졌던 것은 뜻 깊은 일이었다.

그러나 이 천지의 기상이 뻗어 내린 정기가 한 나라의 중심에 가까웠던 우리 민족의 연원으로 거슬러 올라가면 그 정신은 아득히 높고 큰 것이어서 지상의 모든 생명을 유익하게 하려는 한 발원으로 현현되지 않았을까 하는 생각이 들었다.

이러한 홍익인간(弘益人間)의 정신은 오늘날 우리 개개의 현실과는 거리가 먼 교과서적 정신이나 이념만으로 생각되기 쉽지만 이러한 고급정신은 그 연원에 가서 만나 보지 않으면 유추하기가 힘들겠다는 생각도 들었다.

돌아와서 어느 상가에 가서 이런 얘기를 들었다. 산세가 좋은 곳에는 그곳에서 수도하는 사람을 돕거나 방해하는 두 가지 영(靈)이 있는데 저급 영들이 모여 있는 곳에는 수도자를 시기해서 방해하려 들지만 고급 영이 있는 수려하고 빼어난 곳에서는 수도하는 사람이 밝아지는 것을 기뻐하고 도와주려고 하기 때문에 유유상종의 기운에 의해서 공부가 잘된다는 것이다.

그 얘기를 듣고 보니 천지에도 만일 영이 있다면 아주 고급 영이 있어서 중급의 정신만 되어도 감전되어 고급의 정신으로 고양되지 않을까 하였다.

저번 인도(印度)에서 돌아올 때 비행기의 날개 위로 구름처럼 솟아 있는 히말라야의 영봉(靈峰)을 바라보면서도 이런 생각을 하였지만 세상과 인간계를 조감도로 보게 하면 한 번쯤 우리를 성찰(省察)하게 하는 기운이 그곳에는 있는 듯하였다.

자연의 비경(祕境)을 비추는 내면의 거울은 수많은 내면의 양태(樣態)만큼 여러 가지 해석의 여지를 남긴다. 우리에게 자리잡고 있는 고급정신은 우리 민족의 건국신화(建國神話)와도 무관하지 않을 것이며 애국가의 구절처럼 백두산이 닳지 않는 한 사라지지 않고 남을 것이다.

천지는 끊임없이 그 물을 흘려보내되 자기의 공과(功過)를 논하지 않고 마음을 비워 내어 항상 초연한 곳에 처하고 있는 대인(大人)의 정신과 같다고도 느꼈는데 이것은 지도자의 입장에 있을수록 성찰(省察)해 볼 일이다.

돈황 막고굴과 석굴암

–1989년 9월 27일, 서울신문

서구에서는 돈황학이 창설될 만큼 돈황에 대한 연구의 열기가 고조되고 있는데 과연 중국 대륙의 서쪽 끝 실크로드를 통한 동서 문물의 관문인 돈황의 정경은 어떻게 비쳤는가.

북위로부터 수 · 당의 여러 왕조를 거치면서 조성된 천불동의 별칭이 있는 막고굴은 그 규모 면에서는 단연 대륙적이나 굴 안에서 조상(彫像)을 대했을 때 필자가 큰 감명을 못 받은 것은 우리의 정신적 기운이 중국과는 달라서였을까.

정성을 들여 채색한 조상과 천장과 벽면을 가득 채운 벽화와 34미터 높이의 대불(大佛)의 위용이 굴 안의 상층부까지 채운 규모에도 불구하고 우리가 석굴암 본존불 앞에 섰을 때처럼 형언할 수 없는 유열이 내부로부터 솟아 나오지 않음은 무엇 때문이었을까?

단독으로 보면 석굴암의 규모가 결코 작은 것은 아니나 이러한 수많은 석굴과 양적 대비에서 보면 비교가 안 될 수도 있으며 또 세계의 거대한 유적지에 비해 우리가 자랑하는 석굴암은 규모가 작다고 얘기하는 사람도 종종 보았다.

기실 필자도 바티칸의 천장을 바라본 순간 저절로 '아!' 하고 경탄의 소리를 발했으며 한 시대의 천재와 종교와 국가의 물적 위력이 삼위일체(三位一體)가 되어 이루어 낸 인류 문화의 위대성에 경탄을 금치 못했던 적이 있다.

북경(北京)에서 천단의 내부천장 결구를 보고도 잠시 같은 경탄의 소리가 튀어나왔다. 그러나 그러한 것은 규모가 큰 것과 아름다운 것이 한꺼번에 결합되었을 때 나오는 감탄사이다.

돌아와서 어느 관광과 교수가 '큰 것은 아름다울 수 없다.'고 한 이설(理說)에 새로운 느낌을 받았으나 크면서도 아름다울 수 있는 것도 있을 것이며 그것이 감명적일 수도 있을 것이다.

그러나 석굴암은 크기와 대소(大小)에서 오는 감명이 아니다. 굴 안에 조성된 조형적 강약의 명암과 함께 본존이 갖는 정신적 내용은 보는 이가 갖고 있는 감식안의 높이만큼 일러 주시며 보여 주신다.

김수환 추기경이 바티칸의 '슬픔의 피에타상(像)' 앞에서는 5분을 서 있지 못했으나 석굴암 본존 앞에서는 오랫동안 떠날 수가 없었다고 한 글을 대한 적이 있다.

객관적 감명 또는 동양적 정신의 기운이 갖는 친화력으로 오는 것만은 아니다. 유럽의 한 고고학자가 본존의 무릎 위에 손수건을 꺼내 올려 놓고 손으로 만져 보며 이러한 존안의 조상을 조성한 인간의 예지와 재능과 숭고함에 대해 무한히 감사한다는 얘기를 했다는데 이러한 감명은 지나친 찬사만은 아닐 것이다.

하물며 우리나라 사람이 외국의 유적에 비해서 규모만으로 스스로 비하(卑下)하는 얘기를 스스럼없이 한다는 것은 참으로 부끄러운 일이 아니겠는가?

명정릉(明定陵)과 대왕암(大王岩)

–1989년 9월 6일, 서울신문

북경(北京)에서 명정릉의 지하묘역을 보고 그 규모에 놀랐는데 그것은 서안(西安)의 진시황릉 병마총과는 또 다른 감흥이었다.

왕이 즉위해서 자기의 묘역을 일대의 과업으로 삼은 예는 이집트의 피라미드에 비길 바가 없겠지만 이것이 왕권의 절대권위를 위한 과시였는지 자기 죽음에 대한 살아생전의 진지한 준비였는지 한 번쯤 생각하게 하였다.

물론 왕릉은 동서를 막론하고 그곳에서 출토되는 부장품으로 인해 그 시대의 문물과 문화적 척도를 가늠하는 좋은 사료가 되고 있는 점에서 주목된다. 또 오랜 세월 밀폐된 지하에서 미공개된 부장품이 쏟아져 나오게 되면 미술사에 분량이 늘어나며 그로인한 공헌도 적지 않은 것이다.

그러나 이런 외연적인 것에도 불구하고 그 규모가 크면 클수록 한 번쯤 회의하게 하는 것은 과연 한 절대 군주의 사후가 이토록 장엄화되도록 바쳐진 이러한 물적 노고가 그만큼 의미가 있는 것인가 하는 것이었다.

여기에 비추어 보면 정말 감명을 주는 것은 이러한 위치를 만들고서도 스스로 그것을 일탈한 위대한 정신이 우리에게 있었다는 것이다.

통일의 영주 문무대왕은 삼국사기에서 그 정신을 이렇게 유조(遺詔)로써 표현하고 있다.

'옛날에 만기(萬機)를 다스리던 영왕(英王)도 마침내 한줌의 흙무덤을 이루어 초부와 목동은 그 위에서 노래 부르고 여우와 토끼들은 그 곁에 구멍을 파고 있으니 이는 한갓 자재만 낭비하고 거짓만을 책에 남기며 공연히 사람들의 힘만 수고롭게 만드니 이는 유혼(幽魂)을 오래도록 건지는 도리가 아니다. 내가 임종한 뒤에 10일이 되면 곧 궁문 밖 뜰에서 인도의 의식에 따라 불로써 살라 장사지내라.'

그리고 그 유언에 따라 동해 어귀의 큰 바위에 장사지냈다. 세상에 전하기를 왕이 용으로 화하여 나라를 지킨다고 하여 그 바위를 가리켜 대왕석이라고 하였다고 삼국사기는 기록하고 있다.

감은사 앞 대왕암의 수중릉이 세계의 찬란한 왕릉보다 감명을 준 것은 그 정신의 본원적인 진지성이 참으로 크고 장엄하기 때문이 아닐까?

인도 무갈의 샤자한 왕이 그 왕비를 잊지 못해 전 국력을 탕진해 가며 조성한 타지마할이 무갈 제국을 기울게 한 것과는 참으로 대조적이다.

진시황의 병마총이나 스핑크스나 타지마할이 남긴 미술사적 공헌은 우리의 시각을 경탄케 하는 바이나 우리가 한걸음 더 나아가 일탈의 정신으로 경탄할 바를 찾아야 되지 않을까?

물질적 풍요가 가져온 현대사회에서 자칫 우리가 시각을 뺏기는 것이 물량적인 규모나 외연적인 것만이 아니기를 기대해 본다.

동서의 사유상

–1989년 9월 20일, 서울신문

'나는 생각한다. 고로 나는 존재한다.'라고 데카르트의 명제(命題)는 출발하지만 사람의 생각도 그 문화적 배경이 다름에 따라 동서(東西)가 다르고 시대와 인종에 따라서도 다른 듯하다.

우리는 생각하는 사람하면 로댕의 작품만을 먼저 떠올리고 동양의 사유상은 잊고 있다. 물론 동양의 사유상이라 함은 미륵반가사유상으로 우리가 언뜻 생각하는 사람이라고 떠올리기 어려운 바가 있지만 그 이름이 생각하는 상(像)인 것만은 사실이다.

그 문화적 배경이 생각하는 양태를 달리하게 하는 면도 있지만 다시 한 생각이 그러한 세계를 만들어 내는 것도 사실이다.

그러고 보면 로댕의 생각하는 사람은 서양의 생각하는 양태를 표현하고 있는 듯하고 동양의 사유상은 동양의 생각하는 양태를 표현하고 있다고도 할 수 있지 않을까.

외향으로 보면 전자는 깊이 머리를 숙여 동체는 하퇴에 가까이 구부러지고 오른손으로 턱과 뺨을 괴고 있어 고뇌의 심사(深思)를 하고 있는 듯 보인다.

실은 원래의 위치가 로댕이 설계했던 지옥의 문 위쪽이라 지옥으로 떨어져 내리고 있는 수많은 군상을 내려다보며 깊이 생각하고 있는 상(像)인 것이다.

그러니 그 생각이 평온하고 조용할 리는 없을 것이다. 고함지르며 다시 기어오르려는 쟁투가 있고 치열함이 있는 속에서 생각하고 있다.

물론 이것은 전 근대적 오늘날의 고뇌상이 되고 말았고 이것이 많은 공감대를 형성한 보편적 생각하는 사람이 되었는지 모른다.

그러나 동양의 사유상은 그 평온과 정일함이 얼마나 아득한 것인지 그 미소 앞에서는 한 마음이 쉰다.

사유의 모습도 반가부좌 위에 오른쪽 팔꿈치를 대고 둘째 손가락이 살짝 볼에 닿은 평온한 자세다. 물론 그 사유는 고통하는 인간계를 내려다보고는 있지만 앞으로 도래할 이상세계의 희원을 기다리면서 조용히 생각하고 있는 모습이다.

우리나라에서 이 사유상은 삼국시대에 많이 성행해서 국보급에 우수한 걸작을 남기고 있고 일본으로 전파되어 일본 국보 1호의 광룡사 사유상을 남기고 있다. 그리고 우리의 숨결이 그대로 숨 쉬고 있는 그 사유상을 격찬한 독일 비평가(야스퍼스)의 비할 바 없는 사유세계의 묘사를 접하고 있는 것이다.

오늘날 동서의 정신은 서로 상호침투해서 동양 속에는 산업사회의 선진 대열이라는 이름 아래 서구의 정신이 팽배하고 있다.

그러나 문화의 형성이 그러하듯 사람의 생각하는 바탕이 하루아침에 변모되는 것은 아닐 듯싶다. 오늘날의 사유상을 다시 한 번 성찰했으면 한다.

우리 것, 우리의 아름다움
–한국의 미소

삼국시대 불상이나 얼굴이 있는 와당이나 토우에는 한국인의 미소라고 할 수 있는 그 시대의 미소가 간직되어 있다.

그것은 분명 한국인의 얼굴이요 그 얼굴의 주인공이 그 풍토와 기온에서 우러나오는 체취로 웃는 우리의 웃음이다.

웃음에는 얼마나 많은 종류가 있는가? 아마 그 사람이 웃는 웃음을 보면 적나라한 그 사람의 인품과 천성을 알 수 있을 것이다.

순박하고 소탈한 웃음, 어린아이와 같은 천진한 웃음, 숭고하게 승화된 불가사의한 웃음이 있는가 하면 남을 조롱하고 비웃는 듯한 웃음, 교활한 웃음, 자만에 가득찬 웃음도 있다.

토우에 깃든 웃음 중에는 킬킬대며 웃는 이가 빠진 시골 할아버지의 소탈한 웃음이 있어 우리의 친근감을 자아낸다. 발견된지 그리 오래지 않는 와당의 미소는 이미 너무나 많이 알려지고 소개되어 우리가 그 웃음에서 느끼는 감정이 옛과 지금이 그리 다르지 않다는 친숙감을 누구나가 느끼게 한다. 평범한 한 한국의 지어미가 평범한 인간사에 주어진 무욕의 기쁨으로 보름달과 같이 가득차게 환히 웃는 미소, 그 미소를 보는 사람도 함께 자기도 모르게 따라 웃을 그런 미소다.

불상의 미소에는 백제의 미소라고 할 수 있는 독특한 미소 고졸소(古拙笑)가 있고 또 고 신라의 불상에도 그 나름대로의 미소를 간직하고 있다. 물론 이 미소들은 확연히 구별짓기 힘든 점도 있지만 고 신라의 불상 중 한 작은 보살두(菩薩頭)에 대한 미소는 미술사가들에게 각별한 격찬을 받고 있는 바 이 소형 보살상은 분명 당대의 청순하고 총명한 소녀의 얼굴과 미소를 연상하게 한다.

김유신 장군의 누이동생 문희가 그 언니로부터 꿈을 사고 춘추공 태종무열왕의 왕후가 되어 통일의 영주 법민 문무대왕을 낳은 영민한 기지와 총명, 반짝이는 꿈과 뜻이 간직된 그러한 얼굴과 미소를 보는 듯하다.

문무대왕은 사후에게까지 호화로운 왕릉에 묻히기를 거부하고 호국용이 되어 이 나라를 지키기 위하여 해중능인 대왕암에 묻혔으니 이러한 정신이 어디로부터 배태되었을까?

문희의 손자 신문왕은 감은사를 지어 이 위대한 부왕의 정신을 회향하였고 석굴암 본존의 시각은 동해의 이 대왕암을 향하고 있으니 그 불가사의한 미소에는 얼마나 숭고한 인간정신의 승화가 담겨 있는 것인가?

물론 이 작은 보살두는 오른쪽 뺨의 흔적으로 보아 미륵반가사유상으로 유추되고 있기도 하지만 삼국시대 미륵반가상에는 도상학적 고찰을 잠깐 접어 두고서라도 그 시대의 미소가 간직되어 있는 것이다.

백제의 미륵반가사유상으로 알려지고 있는 국보 83호의 삼산관을 쓰고 있는 자연주의적 조상은 일본 국보 1호인 광륭사의 반가사유상의 모태로 이미 잘 알려져 있는 바이니 여기서 민족적 예술의 자긍은 차치하고서라도 그들이 격찬하고 있는 이 불상의 미소에서 우리는 많은 것을 찾아낼 수 있는 것이다.

깊은 속에서 내재되어 스며 나오는 미소일수록 우리는 그 미소 앞에서 형언할 수 없는 내적 교감을 느끼며 그것은 그것을 표현한 작가 자신의 내적 미소인 것이다. 도식화되고 형식화된 미소는 그 미소 자체로 끝나며 우리 정신의 깊은 내부를 끌어들이는 힘이 없다.

그러나 자연주의 표현 위에 적절히 편화(便化)된 눈, 코, 입의 표현이 오히려 정신적 표현의 방법에 도움을 주는 면도 있어서 이것은 석굴암 본존의 얼굴과 미소에서 볼 수 있는 것이다.

그와 함께 또 한 구의 고 신라의 미륵반가사유상인 국보 78호의 얼굴에서 적절한 편화의 방법을 볼 수 있는데 이는 추상주의로 접근하는 표현방법의 일면이 되기도 한다.

그렇다고 해서 가장 인간적인 미소는 자연주의에서 볼 수 있고 다소의 편화양식이 정신적 깊이를 간직한 표현으로 되는 것만은 아니다. 그것은 표현하는 작가의 농축된 정신과 그것을 표현하는 기법의 조화에서 오는 것이다. 그것의 완전한 조화가 석굴암 본존과 관음상에서 이루어졌으며 이것은 인간의 정신과 기법이 보름달을 이룬 것에 비교할 수 있다. 이보다 앞서는 상현은 정신이 앞서나 기법이 따르지 못하고 하현은 정신보다 기법이 너무 능숙해지고 만다. 삼국시대를 전자에 비유한다면 통실신라 이후를 후자에 비유할 수도 있겠다. 그러나 기법이 미숙해도 정신이 농축되어 있는 곳에 더 감명을 받고 이끌리는 것은 무엇 때문일까?

토우나 와당의 미소에서 우리는 기법을 전혀 발견하지 못한다. 미소 자체가 기법이 아니기 때문인지도 모른다. 고유섭 선생은 한국미술의 특성 중에 무기교의 기교를 언급하셨지만 이러한 것을 우리는 무기법의 기법이라고나 표현해 볼까.

물론 고려시대 불상에는 그 나름의 미소가 있어서 반드시 통일신라 이후를 위와 같은 비유로 한 괄호로 묶을 수는 없는 것이지만 조선시대에 와서는 근엄한 유가적 기풍 때문일까. 전자에 볼 수 있던 미소는 거의 사라지고 말았다. 형식화되고 틀에 박힌 전범을 볼 수밖에 없는 그곳에는 우리를 매료시키는 감명은 이미 사라지고 없는 것이다.

한국의 미소는 특수한 한 계층이나 전범의 미소가 아니며 한국인이면 누구나가 다 공감할 수 있는 공유의 미소이고 그래야만 한다. 그것은 조용한 아침의 나라에서 깨끗하고 평안하며 맑은 정신적 기운과 심성에서 우러나오는 화평과 정일의 미소이며, 일찍이 동방의 밝은 빛으로서의 생명의 청신함을 지닌 미소이다.

인간의 도(道)가 도달할 수 있는 고매한 영혼의 순화, 영장인 인류가 지녀야 될 마지막 수준의 정신이 누구에게나 평안과 유열을 줄 수 있는 미소로써 표출될 수 있을 때 이 지상은 얼마나 낙원이 될 것이며 멋들어진 생의 여유를 향유할 수 있을 것인가?

한국의 미소가 한국의 물질적 풍요와 경제적 복지 및 증장하는 국운과 함께 오염되지 않은 선현의 넋을 간직한 채 길이 이 땅과 이웃을 평화롭게 하는 표상으로 남아 있었으면 하는 마음 간절하다.

평정과 눈물

명경과 같이 고요하고 맑은 호수에 비친 수목은 있는 실상 그대로여서 그곳에 아무런 파문이 없으면 그것이 거꾸로 보이는 것 외에는 허상이라고 생각되지 않는다. 실제 수목의 실루엣 선은 배경에 가려 잘 보이지 않을 때가 있으나 조용한 물에 비친 수목의 영상은 오히려 실제보다 소소영영(昭昭靈靈)하게 자기의 모습을 잘 드러낼 때가 있다.

나는 그 영상을 보며 세상의 일을 반조해 볼 때가 있는데 파문이 일면 그 영상은 여지없이 왜곡되고 만다. 이것은 안성에 있는 내 연구실 앞에 작은 호수를 바라보며 자주 느끼는 일이다.

파문은 누가 무엇을 던지지 않았는데도 작게나마 일어날 때가 있고, 외부의 어떤 사물에 의해서 제법 크게 일어날 때도 있다. 그러나 그 어떤 경우에도 시간의 장단이 있을 뿐 못 위의 수목은 다시 그 상을 비춘다. 마찬가지로 생(生)에 있어서 우리의 평정된 심상(心象)을 흔드는 외부의 어떤 사상(事象)이 희로애락애오욕의 칠정(七情)을 만들어 낸다.

내가 여기 쓰고 싶은 것은 그중에서도 최근 어느 법회에서 질문을 받은 눈물에 대한 얘기이다.

어떤 여자청년회원이 묻기를 자기는 전에도 영화를 보고 가끔 운 예가 없지 않으나 금강경 독송을 정진하고부터는 마음이 강해져서 그런 눈물이 없을 줄 알았는데 더 많으니 이것은 마음이 더 약해진 증좌가 아니냐는 것이었다.

그래서 이렇게 대답해 드렸다.

그런 유의 눈물이란 인간이 가장 순수한 상태에서 감정이입이 되어 나오는 것이므로 가장 본연(本然)의 상태로 돌아가 있는 것이며 일상에서 흔히 느낄 수 없는 존귀한 것이기도 한데 거기에 무슨 약하고 강한 세속의 평가가 필요한 것이냐고, 그러한 눈물은 정신적인 것이며 마음의 한 소산임으로 '눈에서 나오는 물'이란 뜻의 눈물이란 우리 표현이 미진한 것이라고. 물론 어떤 내용이냐에 따라 그 눈물의 뜻은 달라지겠지만 우리가 승화의 감정으로 흘리는 눈물이란 인간이 지닐 수 있는 고귀한 것 중의 하나이며, 이것을 경멸한다면 인간의 신성을 모독하는 일이 될 것이라고….

우리는 가끔 소나, 개 등이 눈물을 흘리는 것을 보는 때가 있는데 그럴 때 우리는 동물도 눈물을 흘린다면서 얼마나 희귀해 하는가.

우리는 아주 사악한 인간이 눈물을 흘릴 때 무엇을 느끼는가.

거룩하고 존귀한 것이 생명체 속에 있어서 그것이 대상의 어떠한 자극으로 교감이 될 때 자신을 정화시키는 가장 훌륭한 정신적 물질이 눈물일 것이다.

이러고 보니 눈물 예찬론자같이 되었는데 기실 나도 최근에 〈간디〉 영화를 보고 남들이 멀쩡한 장면에 얼마나 많이 눈물을 흘렸는지 모른다. 그것은 아마도 금강경정진을 하고 나서 간디를 보는 눈이 전과 달라져서가 아닐까 하였다.

물론 나도 대학생일 때 간디 옹에 대한 책도 많이 읽었고 특히 사상계(思想界)에 실렸던 함석헌 옹의 글에서 간디 옹의 정신세계와 그 운동을 보고 큰 감명을 받기도 했다. 그러나 이번 영화에서 다른 사람들은 아무렇지 않게 보고 있는 것 같은 장면에서 나 혼자 그 많은 눈물을 흘렸던 것은 무엇일까?

그가 완전히 무아(無我)가 되었을 때 그는 인도인 전체가 자기가 되었으며 그가 완전히 자기를 비웠을 때 그것은 곧바로 인도를 위해 자기를 바친 것이 되었는데 그 위대한 혼 '마하트마'가 무아(無我)의 정신에서부터 자연스럽게 쏟아져 나옴을 보았기 때문이다. 그것은 말의 교설이 아니며 하나의 행위이고 인간이 지닐 수 있는 가장 높은 수준의 사랑이며 자비의 현현이었기 때문이다.

여기에 접했을 때 내 못나고 미진한 심성에 어찌 파문이 일지 않으며 어찌 많은 눈물이 쏟아지지 않을 수 있었겠는가? 금강경에 '통달무아법자 진시보살(通達無我法者 眞是菩薩)'이라는 구절을 생각하며 수보리존자의 체루비읍(涕淚悲泣)을 연상하였던 것이다.

네로 황제는 한 방울의 눈물을 유리병에 받아 영원히 보관하게 했다는데 악명 높은 그도 눈물을 존귀하게 여겼던가? 그러나 얼마나 무의미한 눈물이 인간에게는 많은가? 지금은 조용한 호수를 바라보며 또 무슨 파문이 어떤 모양을 그리며 일어날까를 기다려 본다.

징검다리를 잘 건너야

–1990년 4월 11일, 모 불교신문

개인이나 국가나 한 단위가 되는 것에는 반드시 태어나 번성하고 쇠망하는 기운의 주기가 있는 법인데 이 기운에 순응하는 지혜와 역리(逆理)하는 미망(迷妄)은 그 객체(客體)에 있는 것이 아니라 그 단위의 내적주체(內的主體)에 있음은 다 알고 있는 사실이다.

나는 88년에 일어난 이 기운에 잘 상응(相應)했던 우리의 지혜와 이 기운을 살리지 못하고 다시 혼돈과 미망, 무질서와 방종에 빠졌던 역리의 순환과 현실을 아쉽게 생각한다.

물론 기운은 우리에게 일어난 큰 기운의 연장 선상에 있으므로 단견(短見)은 금물이며 눈앞에 보이고 일어난 현상으로 그 시점(視點)을 좁히는 것도 금물이다. 그러한 현상 자체가 미망(迷妄)이 아니라 부정적인 모든 내적요소(內的要素) 자체가 그러한 현상을 전위(轉位)시키지 못하는 미망의 근원 자체가 아닐까 한다.

갈등과 모순은 기운을 상승시키는 역동적(力動的) 힘을 반드시 배태한다. 갈등과 모순 자체가 도전이라면 여기에 잘 응전한 것은 항상 도약적으로 발전하며 상승한다. 외세에 시달리다가 반으로 갈라져 참담한 고통을 겪었던 우리에게는 어떠한 현상도 극복할 힘이 있다. 이번 하계에 교불련이 교토의 용곡대학(龍谷大學)과의 불교 학술교류를 통해 느낀 점도 우리에게는 생동적인 힘이 있다는 것이었다.

나는 88년에 일어난 기운이 그래도 상승할 것이라고는 생각지 않았으며 단지 이제 시작이고 이것이 사회의 제 현상이나 국가의 정치적, 경제적, 문화적 제반 현상이 본궤도에 올라 통일된 힘을 갖기 위한 다음 단계의 중요한 징검다리가 될 것이라 생각하였다. 88년에서 향후 몇 년간 이 징검다리를 잘 건너지 않으면 이 주어진 기운을 배반하는 것이요 역사에 돌이킬 수 없는 회한의 아쉬움을 낳지 않을까 하는 생각이 들었다.

이번 물난리가 났을 때 나는 산속 절 아래 내 정진소에 있었다. 길이 유실되고 전신주가 넘어져서 재앙의 소식을 알 수 없었으므로 강의를 하기 위해 산을 넘어 택시를 불러 타고 가는 도중에 라디오를 통해 충격적 소리를 들었다. 그것은 한강 수위를 점점 조이는 이 엄청난 자연의 위력 앞에 방종하고 오만하고 각가지 범죄와 사회악에 물들었던 우리가 무엇을 생각해야 하느냐는 측후통보관의 일갈이었다.

순간 이것은 어느 고명한 종교적 지도자의 교설보다 강하게 마음을 찔렀으며 이 말을 듣고 있는 모든 사람들이 아무 할말이 없을 것이라는 생각에 망연하였다.

어두운 기운이 축적해서 폭발하는 것이 재앙이며 재앙을 통해서 인간은 다시 겸허하게 성찰(省察)한다. 이 재앙은 개인에게나 사회조직에서나 국가에서나 어떤 형태로 나타나든 마찬가지다. 환경파괴, 전쟁 같은 집단의 재앙도 그 구극은 개인의 이기적 탐, 진, 치가 모인 것이며 독립선언문에 썼던 오등(吾等, 우리들, 나들)의 개념이 사라지고 아상(我相)으로만 꽉차게 된 결과이다.

개인이나 국가나 우선 건강하게 발전하려면 마음의 병들이 몰고 온 사회병리가 근치되어 이 재앙이 소멸되어야 한다. 한번 재앙이 있으면 얼마나 많은 힘의 소모가 따르는가? 재앙이 일어난 다음 그것을 회복하는데 총력을 기울일 것이 아니라 재앙의 원인을 성찰하고 미리 제거해서 재앙이 일어나지 않도록 최선을 다해야 한다.

이제 사바정토, 민주복지국가의 통일을 바라보고 있는 이 시점에서 국력이나 각자의 힘을 소중히 여기고 헛된 곳에 소모당하지 말아야 한다.

현실과 이제 올 세계를 바르게 보고 바르게 생각하고 바르게 발원(發願)해서 이 징검다리를 잘 건너야 하지 않을까?

조급하지 말고 단견(短見)하지 말고 치우치지 말아서 이 땅에 부처님의 정토(淨土)가 실현되도록 최선을 다해야 할 것이며 긴 역사에 모처럼 주어진 발흥의 기운에 역리하지 말고 밝은 국토의 역군이 쏟아져 나오도록 모든 정성을 쏟아야 할 것이다.

보살의 서원은 바다와 같아서 아무리 어두운 중생의 미혹(迷惑)

과 훈습(熏習)도 여래(如來)의 광명에 해탈케 할 것이며 한마음 조촐한 곳에 유유상종의 기운이 모여들어 기어이 불국정토(佛國淨土)를 이룩하고 말 것이다.

무엇을 위한 삶인가?

–중앙대 명덕관 학생에게

1. 들어가면서

삶의 의미와 가치와 내용을 현학적으로 논하기 전에 호흡하면서 순간순간 쉬지 않고 궁리하며 생각하는 '나'라고 하는 실상에 대해서 우리가 무엇을 알고 있으며 어떻게 생각하고 실천하고 삶을 영위할 것인가를 성찰(省察)해 보는 것으로 이 글의 요지를 삼고자 한다.

무릇 나타난 모습과 행위는 그가 생각하고 있는 사고(思考)의 원천(源泉)과 방법(方法)에 달려 있을 것임으로 무엇을 생각하며 살고 있는가에 따라 어떻게 살고 있는가의 모습이 나타날 것이다.

그리고 그것이 궁극적으로는 이 글의 명제의 뿌리에 가닿을 것이다. 우리가 삶의 목표니 이상이니 하는 것을 굳이 논거하지 않더라도 오늘날과 같은 삶의 가치관과 모습이 과연 젊은이들이 앞으로 더 많은 삶 속에서 누려야 할 향수(享受)의 측면에서 진정한 기쁨과 보람을 줄 수 있을 것인가? 그것이 삶의 참모습인가 하는 것을 비추어 봄으로써 그것은 저절로 윤곽을 드러낼 것이다.

'무엇'은 곧 대상이 되겠으나 그 대상을 외부에서만 찾으려면 그 실상(實相)을 파악할 수 없으므로 회광반조(廻光反照)하여 내부를 들여다보면 그곳에 뿌리를 발견할 수도 있다.

'무엇'은 분석하고 나누어 볼 수도 있겠으나 그것이 무엇의 실상을 보는 눈을 멀게 할 수 있음으로 직관(直觀)과 통찰(洞察)로써 무엇을 본다면 전체적이고 종합적인 측면에서 근사치가 되고 그 무엇에 계합할지도 모른다. 굳이 그것을 동양적 사고방법이라고 유별(類別)할 필요도 없는 것은 독일어에도 알지 못한 그 무엇(Etwas)의 의미가 함축된 것이 있고 그것은 본질적으로 그 무엇인가에 대한 의식(Bewusstein von Etwas)이기도 하며 크로체(Benedetto croce)와 같은 미학자는 직관적 방법을 자기의 미학적 탐구의 근간으로 삼기도 하였다.

불가사의(不可思議)의 개념은 동, 서를 막론하고 존재해 왔으며 가장 발달된 과학적 개념 속에서도 이것은 숨어 있으므로 그 무엇을 말로 표현하고 풀이한다는 자체가 일면성을 지니고 있으며 사실은 이러한 명제의 가장 명확한 답은 각자의 명증체험(明證體驗)의 밝음 속에 있는 것이다.

이미 갖추어져 있는 주형(鑄型)에 사족이 되지 않기를 바라면서 이 글을 쓴다.

2. 길을 가는 사람

학생들의 입장에서 보면 그 '무엇'은 지금 전념하고 있는 각자의 전공이 될 것이며 그 전공이 가지고 있는 가치, 의미가 일차적인 것이 될 것이다. 얼마나 자기가 택한 길이 필연적인가에 따라 그것이 자기의 삶 속에 차지하고 있는 비중이 달라질 것이다. 정치, 경제, 문화의 제 분야에 오늘의 사회가 요구하는 분화된 모든 분야가 어느 하나 소중하지 않은 것이 있겠는가?

그러나 모든 외양적(外樣的)인 분류 속에서도 관류(貫流)하는 하나의 정신이 있을 것이며 이것이 하나의 세계정신(Welt Geist)에까지 연루될 수 있다.

오늘날의 인류가 지향하는 바의 정신이란 각자가 지니고 있는 이 시대정신의 총체일 수도 있기 때문이다.

무엇을 위하여 달려가고 있으며 각자는 이 대열에서 무엇을 바라보고 있는가. 각 개체가 능동적으로 이 흐름에 대응(對應)하는 길은 어떤 것인가.

시대나 세계정신 속에서 우리나라가 지녀야 할 극동의 정신은 어떤 것이며 그 과제는 무엇인가? 다음 세대를 이끌어 갈 젊은이들에게는 눈앞에 닥친 과제가 한두 가지가 아니며 통일 다음에 있을 우리의 과제까지도 생각해야 한다.

각 전공 분야에 있어서 이러한 일차적인 과제만으로도 젊은이들의 가슴은 뿌듯할 수 있다. 이러한 극명한 과제의 여러 상황을 외부적인 대상이라고 본다면 여기서는 그 '무엇'을 대상에서 논거하지 않고 스스로가 갖고 있는 뜻에서 찾아보고자 한다. 그 뜻을 대상과의 관계에서 찾으면 외형적인 여러 가지 과제가 될 것이고 자기 속의 세계에서 찾으면 스스로를 밝히는 길이 될 것이다.

물론 사유가(思惟家), 철인(哲人), 도학자(道學者), 종교가(宗教家)도 전문적인 한 부류가 될 수 있다. 그러나 심적소질(心的素質)이 그러한 사람은 어느 부류의 일을 해도 위에 열거한 부류에 비슷해지며 이것을 뿌리로 해서 외부적 과제를 맞이할 것이다. 그러한 사람은 삶 자체를 도(道)로 본다.

길을 간다고 하는 것은 좋은 것이며 이왕 길을 갈 바에는 심신이 유쾌하고 건강할 수 있는 길을 택해야 할 것이다.

그에게 무엇 때문에 길을 가는가 하고 묻는다면 우문(愚問)이라고 할 수밖에 없다. 뜻이 있어서 목적에 닿기 위해서 길을 가지만 그저 길을 가는 것 자체가 좋아서 가기도 한다.

우리말에 '모로 가도 서울만 가면 그만'이라는 속담은 너무 목적에만 치우친 말이다. 서울만 가면 그만이 아니라 서울을 어떻게 갔느냐가 더 중요한 문제일 수도 있다. 궁극의 길은 그 목적에 있는 것이 아니라 과정일 수도 있기 때문이다. 과정이 밝고 건강하지 못한 것은 곧 쓰러지고 노쇠한다. 수단방법이 건전치 못한 것은 목적에 닿아 봐야 곧 소멸하고 쇠망한다. 우리는 그러한 사람을 길을 갔다고 표현하지 아니한다.

길은 인류의 지혜가 닦은 가장 밝은 족적(足跡)이며 길을 가는 사람은 우선 길을 닦은 선인(先人)에게 감사해야 한다. 큰사람은 큰

길을 가는데 대도(大道)를 가고자 하면 그만큼 많은 준비를 해야 하며 오랜 시간을 견딜 수 있는 인고(忍苦)의 강건함이 있어야 한다. 멀리 볼 수 있는 안목과 예지력도 있어야 하며 흔들리지 않을 뜻도 지녀야 한다. 대도직여발(大道直如髮)이라 빙빙 돌거나 우회하거나 혼미(昏迷)의 곁길로 빠지지 않을 심지가 굳건해야 한다. 큰길을 가고자 하는 사람은 작은 자기(小我)에 너무 집착하지 말아야 하며 외부의 유혹에도 흔들리지 않을 명덕(明德)을 갖추어서 큰길을 걸어간 사람의 발자취를 욕되게 하지 말아야 한다. 동서의 위대한 혼(魂)들은 스스로 큰길을 걸었으며 개인의 명리나 작은 자기를 벗어 던졌다. 거추장스런 어떤 이름도 옷도 스스로를 위해서는 걸치지 않았으나 세상 사람들이 그 길을 걸은 사람을 큰사람이라고 경모한다. 많은 민족 중에서도 이러한 사람들은 흔치 않아서 그 사람의 정신에서 충전받으며 스스로의 길을 다시 비추어 간다.

3. 가치와 내용

우리가 삶을 사는데 어찌 큰길만을 가기를 바랄 수야 있겠는가? 작은 길, 아직 포장이 안 된 길, 오솔길, 산길 등 세상에는 수없는 길이 있다. 그 또한 다 필요한 길이며 있어야 할 길이다. 큰 목적지 외에도 얼마나 미세한 작은 목적지들이 있는가. 고속도로로 달려간 것만이 전부가 아니라 실체의 내용은 이런 작은 길 속에 있다.

아무도 가지 않은 길을 가려고 하는 사람, 그 사람 속에 큰길을 발견할 수도 있다. 남들이 다 가는 길이 보편성을 띤 편안한 길이라면 그렇지 못한 길을 가는 사람도 있어서 일반적으로는 그를 '아웃사이더'라고 한다. 이것은 잘못 가고 있는 것이 아니라 기존의 길이 잘못되었다고 생각하고 새로운 길을 스스로 닦아서 창출하는 특출한 용기와 신념을 지닌 사람이기도 하다. 인류사에서 문화의 변환을 유도한 사람은 위대한 아웃사이더가 출현했기 때문이기도 하다. 이것은 정신문화에서만 있는 일이 아니라 과학문명의 발전이 새로운 패러다임(Paradigm)의 설정이라는 점과도 연루된다.

엄격히 말해서 이것은 진보의 개념이 아니라 변혁의 개념이며 세계를 내다보는 눈이 새로이 개안(開眼)되어 새로운 안목의 논리체계로 출발되는 것이다.

한 단계 높은 문화의 창출은 이러한 시점으로부터 다시 출발하였다. 그 접목의 뿌리는 고대에 이어져 있으나 그 사고방법은 완전히 새로운 것으로부터 출발하지 않으면 안 되었다. 이러한 패러다임의 양상은 예술에 있어서도 비슷해서 진보의 연장선상에 있는 것이 아니라 항상 그 시점에서 새롭게 출발했던 것이다.

자기가 귀중하다고 생각했던 범사의 모든 일들이 어느 날 갑자기 새로운 시각으로 비춰지고 모든 귀중하다고 여겼던 것들이 괄호삽입(Einklammerung)으로 들어가고 정말 세상에 존귀한 것이 무엇인가를 깨닫는 순간 그에게는 새로운 삶이 전개되는 것이다.

이러한 삶 속에서는 형언할 수 없는 기쁨이 있으며 이 기쁨이 여유를 가져오고 삶의 본질을 통찰(洞察)하는 만족을 가져온다. 이 기쁨은 밝은 것이기 때문에 비로소 세상을 바라보는 눈이 긍정적으로 변한다. 내가 존재하는 이 모든 것에서부터 감사하는 마음으로 시작되어 내가 있게 하는 모든 사람에게 보답하고자 하는 마음으로 가득차게 된다. 삶의 기쁨과 인생의 행복이 어디에 있으며 무엇인가를 알게 된다.

이것의 진전은 자기를 낮추는 겸허이며 자기를 비우는 끝없는 정진이다. 모든 공덕을 남에게 회향하며 자기의 못난 점을 더욱 성찰하게 된다. 잘났다고 하는 사람에게는 향상이 없으며 속물의 냄새를 피우기 쉽기 때문에 미움의 대상이 되기 쉽다. 정말 잘난 사람은 이러한 사람이 아니다.

그는 세상의 어려움을 회피하려 하지 않으며 그것을 해냈을 때의 기쁨을 알게 되므로 감내할 수 있는 고난을 기꺼이 맞이한다. 어려운 과정을 거치지 않고 이룩되는 일은 없으며 그러한 것을 바라지도 않는다. 이것이 습관이 되면 어려운 일도 쉽게 해내는 능력이 그에게는 생기며 이 능력이 세상을 위해서도 유용하다고 느끼게 되며 이것이 또한 기쁨을 가져온다.

비바람 몰아치는 언덕에서 자랄 수 있는 나무라야 큰 그늘을 제공할 수 있다.

인격은 하루아침에 형성되는 것은 아니다. 그의 전 생애를 통해서 그에게 주어지는 모든 시련과 상황과 환경을 통해서 쌓아진다. 허버트 리드(Herbert Read)는 정신구조역동설(精神構造力動說)에서 인격(人格)을 기억상(memory image) 또는 감각적 인상의 저장고에 의식적 정신과정(意識的 精神過程)이 참여해서 형성되는 것으로 보고 이 자아(自我)에서 초자아(超自我, Super-ego)로 가는 상부의 층에 승화(昇華)의 개념을 둔다.

인격은 끊임없이 다가가는 것임으로 완성의 개념은 없다. 영장류의 사람으로서 지녀야 할 격조, 사람다움은 오늘날과 같이 인본주의(人本主義)의 입장을 강조해야 할 여러 상황에서는 고전적 개념으로 간과할 일이 아니다. 산업사회, 기계시대, 문명의 이기가 발달할수록 이러한 입장은 더욱 조명을 요할 것이다.

스스로의 길을 걸어 자아가 완성단계에 들어가면 외부적 현상계에 너무 초점을 맞추지 않아도 외재적 현상(外在的現像)은 부수적으로 자아의 측으로 끌려온다. 아무리 정보화사회라 하더라도 자신이 얼마나 순도 높은 금(金)이 되었느냐가 문제이지, 여기에 순금이 있다고 외쳐 댈 필요는 없다.

금은 누구나 자신 속에 가지고 있으면서도 잡석을 가려내지 못해서 순도(純度)를 유지하지 못하고 있거나 쓸모없이 되어 있을 뿐인데 순금이 존귀한 것을 알면서도 스스로가 순금이 되려 하지 않고 그것을 외부에서 찾으려 한다.

한눈을 팔고 허덕일수록 길은 멀어지며 삶은 고달파진다. 자신의 진가는 떨어지고 주인의식은 사라져 버려 굴종의 굴레를 벗어나지 못한다.

과거로부터 수많은 연금술사가 인공의 금을 만들어 내려 했으나 성공한 예가 없으니 금은 만들어 내는 것이 아니라 가지고 있는 것을 정련하는 것이고 발견해 내는 것이며, 캐내는 것이다.

자아의 완성은 순금이 되는 것에 비유할 수 있으니 존귀한 것을 알아보는 눈은 있어 사람들의 아낌을 받는다. 그러나 이러한 예는 희유한 것이고 순금은 못되더라도 유용한 금은 되어야 할 것이다.

'찬 그릇은 다시 더 담을 때 쓸 수 없으니 유용한 것은 빈 그릇이다.'라는 노장의 철학처럼 참으로 유용한 것이 무엇인지를 역으로 비추어 볼 줄도 알아야 한다.

삶의 모든 외양을 채우는 것으로만 능사로 알지 말고 마음속의 모든 미망(迷妄)을 비워 내는 일, 창고 속의 모든 군더더기를 청소하는 일, 그래서 문을 열면 언제든지 빛으로 채울 수 있는 준비가 소중하다. 차 있는 곳의 뒤쪽은 곰팡이가 슬고 부패하고 어둠의 재앙이 쌓이려 한다. 우주 간에는 유유상종의 기운이 있어 빛은 빛을 부르고 어둠은 어둠을 부른다. 어둠이 축적해서 폭발하는 것이 재앙이며 이것은 개인이나 사회나 국가나 마찬가지다. 한번 재앙이 닥치면 그것을 회복하기 위하여 전력을 다 소모당한다. 큰 재앙은 개체를 사멸시키고 나라를 쇠망하게 하기도 한다. 재앙은 닥친 다음에 치유하기보다는 그 근원을 잘 성찰해서 재앙의 현상이 일어나지 않도록 밝음 속에 최선을 다해야 한다.

4. 맺음말

이제까지는 자신의 내적 세계에 대한 것을 주로 얘기하였다. 그러나 자아라는 유기체가 참다운 의미를 가지려면 어떠한 것이고 진아(眞我)의 궁극적 가치는 무엇인가?

나는 천안문 사태가 일어난 얼마 후 중국의 서쪽 끝 돈황을 거쳐 다시 동쪽 끝 북간도의 길림을 통해 천지에 오를 기회를 가졌다. 천지를 보고 느낀 첫 감회는 단군성조의 개국이념인 '홍익인간'이 교과서적 개념적한 이념에 그치는 것이 아니라 살아 숨쉬고 있는 생생하고도 광활한 인간의 위대한 이상적 이념으로 와 닿는 것을 느꼈다. 그리고 홍익인간의 개국이념을 교과서에서 빼자고 한 부끄러운 후손이 있음에 가벼운 분노를 느꼈다.

홍익인간이야말로 오늘날 지구촌의 개인과 사회와 국가가 찾아야 할 민주복지국가의 마지막 이상향이며 이 정신 속에서만 인류는 행복을 찾을 수 있지 않을까 생각되었다. 이것이 천지(天池)의 신비가 내게 가르쳐 준 정신이다. 자리이타(自利利他)의 정신, 내게만 이롭고 득이 되는 것이 아니라 모든 사람에게 다 이롭고 득이 될 수 있는 정신, 이 정신이 아니고서는 자아의 진정한 기쁨은 얻을 수 없다. 자아완성의 진면목(眞面目)은 바로 여기에서 구현되는 것이다. 진아(眞我)가 확장되면 무아가 되는데 무아는 내가 없어진 것 같이 보이지만 무한대의 나들이 생긴 것이다. 나라고 하는 것을 시간적으로 공간적으로 비추어 보면 무한대분의 일(一)인데 그것은 영(0)이고 그것은 다시 무한대 유아(有我)이기도 한 것이다. 내가 없어짐으로써 무한대의 나들이 생겨난다는 뜻이다. 지금은 잘 쓰지 않는 오등(吾等)이란 말은 우리라는 뜻이지만 '나들'이란 역을 붙일 수도 있다. 홍익인간은 내가 확장되어 나들이 된 단계에서 자연스럽게 발로되는 정신이다.

내 가정, 내 가문, 내가 몸담고 있는 곳 내 국가만이 내게 연이 닿는 것이 아니라 하늘 아래 땅 위의 모든 인간, 모든 생명체, 모든 사물이 연이 닿지 않는 것이 없다. 나와 인연이 먼 것 같은 생태계도 그 어느 하나가 파괴되면 그 영향은 직접적으로 내게 미치거나 알지 못할 형태로 다가온다.

내 한마음이 조촐하고 온전할 때 온 세계가 온전하고 조촐하며 내 한마음이 혼돈과 미망에 빠질 때 온 세계가 미망(迷妄)으로 보인다.

내가 밝아지는 일은 내게만 기쁨을 주는 것이 아니라 세상에 기쁨을 준다.

예지(禮智) 명덕(明德)관에 있는 학생들이 내게 주어진 삶을 진정으로 충만하고 여유 있게 사는 길을 성찰(省察)해서 관의 이름에 비추어 각자의 거울을 잘 닦기를 바란다.

문화의 원형

–2014년 여름, 유심 불교평론

한 생각이 있음에 한 세계가 있고,

한 생각이 없음에 그 세계는 없다.

마음의 입장으로 비추어 본 세계는 스크린에 나타난 환영이나 홀로그램 같아서 실상이 아니라고 말씀하셨지만 세간에 사는 우리는 실로 생각으로 한 세계를 만들어 살며 그 세계 속에 각가지 문화를 꽃피웠다.

오늘날은 문화의 범주가 넓어져서 각가지 생각의 꽃도 백화난만의 양상을 보이고 있으나 과연 이 문화의 기저에 자리잡고 있는 원형(原形, urbild)은 바람직한 것인가를 다시 생각하게 한다.

회광반조는 그 원형을 비추어 보는 훌륭한 성찰의 방법이며 한 단계 더 높은 문화의 상승을 위하여 우리 생각을 가다듬어야 할 거울이라 생각된다.

필자의 입장에서는 형태를 다루는 조형의 세계에서 생각을 가다듬고 근원을 들여다봐야 하겠지만 그 표현이 시각의 세계로 나타나든 시의 문자로 나타나든 한 생각의 현현임으로 문제는 무엇을 생각했느냐에 초점이 돌아갈 것이다.

생각의 원형이 무엇이냐는 마치 생각이라는 주형에 찍어 내는 대로 사물이 나타나듯 그 주형은 그 사람이 가고 있는 길의 지표이기도 한 것이다. 조각을 하며 시를 쓰고 부처님의 세계를 엿보면서 그 말씀에 감히 주석을 다는 일이 다른 것 같지만은 실은 한 원형의 다른 모습일 뿐이다.

기세간에서 하는 유위의 모든 것을 응작여시관(應作如是觀)하는 부처님 말씀이 금강경 마지막 사구게에 나오지만 오늘날 문화의 입장에서 보면 이미 부처님께서는 이 유위의 문화를 한 괄호로 묶어 표현하신 듯한 착각이 든다.

사진을 찍는 이가 범소유상 개시허망 약견 제상비상 즉견여래임을 깨달아 사진을 찍는 일이 즐겁다는 역설을 하듯 형상 있는 모든 느낌을 그 원형에서 깨달아 무위의 뿌리로 꽃피운다면 그 문화는 과연 어떤 것이 될 것인가.

다중 우주 속에는 그러한 차원의 문화도 분명 있겠지만 인간의 사색과 성찰도 점점 이 원형에 다가가고 있지 않나 생각해 본다.

우리는 감각기관의 센서를 무위로 활용하고 있는 세계로 진입하고 있다. 아직도 에너지의 입장에서는 원시의 원형에서 벗어나지 못했지만 그것도 이기적 욕심을 버리고 요익중생의 보살심으로 무주상이 된다면 무한대의 에너지를 무위로 활용할 수 있는 시점이 올 것이다. 그때 만일 무위의 조형과 무위의 생각을 소통할 수 있다면 그것은 어떤 모습이 될까.

무위세계의 아름다움은 원각경의 말씀대로 환영이 다 떨어져 나간 원형의 세계임으로 그것을 형용할 수 있는 방법도 다를 것이다. 인지되고 지각된 모든 때가 채로 걸러져서 순일한 곳에는 생각이나 사색이란 말도 필요 없을 것이다.

그 생각이 정화된 세계는 정화된 세계를 만들 것이고 그 생각이 혼탁한 세계는 혼탁한 세계를 만들 뿐이다.

원칙은 유위가 아니라 무위다. 원칙을 지키지 않으면 재앙을 맛볼 것이고 원칙에 순응하면 자유로울 것이다. 인간이 유위로 원칙을 만들지만 그것은 유위의 원칙이고 우리의 문화가 더 상승하려면 무위의 원칙을 깨달아야 한다.

부처님이 조견하신 법계의 정할 수 없는 법칙, 무유정법(無有定法) 이곳에서만 진정한 자유를 구사할 수 있다.

예술의 자유를 무유정법에서 찾는다면 그가 빚어내는 모든 형태와 색과 빛이 원형과 다르지 않음으로 그는 그 세계의 일부이며 그 세계 자체일 뿐이다.

우리의 감각기관이 한계의 차원을 넘으면 우리는 초월의 자유를 맛볼 수 있다.

색과 형태는 빛이 있음으로 육안으로 인지된다. 봄의 색깔의 오묘함은 생명의 시작이 발산하는 오묘함이며 그것이 여름을 마음껏 뽐내고 가을에 소멸하는 색깔도 오묘해서 아름답기 그지없다. 일광이 명조하여 종종색을 다 비출 때 우리 육안은 무상의 환희를 느낀다.

육안이 천안에 이어지고 혜안 법안 불안에 이어지는데 우리는 이제 문화의 이기로 안방과 거리를 가면서도 천안의 혜택을 만끽하게 되었다. 모두가 손바닥만한 천안통에 의지하면서 온 시간을 보내니 더 진화해야 할 혜안은 멈추고 더욱이 그 원인과 결과를 통투해 볼 수 있는 법안은 생각하기 어렵게 되었다.

창조의 힘인 직관과 통찰 예지력은 스스로의 능력으로 계발되어야 한다.

기술문명의 테크놀로지가 펼치는 놀라운 세계가 부처님이 깨달으신 아뇩다라 삼먁삼보리 속에 있음을 조견해 볼 수 있어야 한다. 인본주의적인 입장에서 이 기술세계가 조명되지 않을 때의 위험을 이미 많은 경우에서 우리는 체험하고 있다.

가장 바람직한 테크놀로지의 범례를 화약을 무기로 쓰지 않고 밤하늘을 꽃피운 폭죽놀이로 국한했던 고대중국의 선례를 들었듯 그것은 시 신비 인간정신의 긍정적 환희에 활용되어야 한다. 예술이 다가올 문화의 장에서 중요한 몫을 담당할 원형은 이런 것이다.

부처님의 자비광명이 고도의 테크놀로지를 비추지 않는 한 인류는 스스로 만든 재앙을 멈추기 어렵다. 생명을 존중하고 하늘과 땅이 준 은혜를 존중하고 우주와 자연의 조화로운 일원이 되어야 한다.

우리에게는 부처님의 자비와 마찬가지로 홍익인간의 이념(요익중생)이 있고 제세이화와 성통광명(性通光明)의 높고 밝은 정신적 원형이 있다. 부처님이 깨치신 원형에 아뇩다라 삼막삼보리가 발현되듯 우리의 성품 속엔 광명이 있다.

아사(아침)의 땅, 광명의 문화, 광명의 예술, 빛과 아름다운 원형으로 충만한 세계가 우리의 본 모습이다.

순일하고 밝은 서기가 충만한 땅, 백두대간의 기운이 그곳에 태어난 생명을 광명화하여 인류의 앞날을 비추기를 발원해 본다.

입체적 사고의 단상

–2003년 5월 19일, 중앙대신문

생각하는 습관에도 바로 앞에 것만 생각하고 뒤에 것을 생각하지 않는 사람이 있는데 그것은 근본적으로 사고하는 시야와 방법이 그런 습관에 젖어 있어서 그럴 수 있는 것이다.

눈에 보이는 앞면만이 아니라 그 측면이나 뒷면을 생각하는 사람이 있다면 그의 사고방법은 입체적 사고에 가깝다고 할 수 있다. 눈을 감고도 우리가 촉지해서 그 형태를 알 수 있는 것은 입체이다. 그렇지만 평면에 나타난 것은 눈을 감고는 알 수 없다. 물론 직관의 세계에서는 보이지 않는 더 많은 것을 볼 수도 있다.

이제는 미술대학을 조형대학이라 부르기도 하고 미주에서는 시각예술대학이라고 부르기도 한다.

조소과도 입체조형과에 가까운 개념으로 그 내용을 변모하고 있다. 무에서 유를 형성하는 소(塑)의 개념이나 그 반대의 각(刻)의 개념이 이제는 입체라는 조형 개념의 부분으로 함축되었고 이것은 조형문화 전반의 한 양상이기도 하다.

여기서 전문적인 얘기를 하기보다는 내가 얘기하고 싶은 것은 입체적 사고의 다른 측면에 있다.

예술인의 사유방법은 분석적이고 험증적인 것보다 감성적이고 직관적이며 종합적인 것에 가깝다고 할 수 있는데 그것은 좌뇌와 우뇌의 역할 분담에서도 보인다.

엄밀히 말해 합리적인 사고가 과학적이라면 예술은 합리적 사고의 틀 속에 갇힐 필요가 없으며 그것을 깨고 더 이상을 창출했을 때 각광을 받기도 한다.

근간에는 물리에서도 기존의 틀이 한계 속에 있는 부분적 시야의 해석일 때 그것이 무너지고 새로운 틀을 제시해야 하는 패러다임의 일대변혁이 등장되고 있다.

그것을 보면 합리적사고의 한계를 깨는 우리의 반대편 뇌가 이 세계의 수정에 일익을 담당하고 있으며 좌파라고 부정되었던 세계를 다시 보게 하는 예술적 사고에 톡톡히 은총을 입고 있는 결과가 아닌가 생각해 본다.

직관적 통찰적 사고는 다분히 동양적 사유 체계이기도 하다. 물리의 가장 진보적 사유체계가 이곳에서 그 해답의 실마리를 찾아내고 있는 것은 우리의 좌뇌와 우뇌가 다 공히 동서의 통합적 문화에 공헌하고 있음을 보게 한다.

입체적 사고라 했지만 좌우동서를 평면의 축으로 그 높이를 만들어 간다면 우리가 지향해야 될 바와 도달해야 할 하나의 모형이 제시될 수 있지 않을까 한다.

과연 그 모형은 어떤 것일까? 이 지면에서 이것을 다 생각해 보기는 어려우므로 이것은 여러분들의 과제로 남기고 젊은이들의 세계를 입체적으로 살펴보자.

월드컵 축구전 때 대한민국 구호를 외치며 붉은 악마로 모여들어 세계를 놀라게 했던 우리의 젊은이들은 어떤 입체적 사고를 하고 있는가. 그들은 좌뇌와 우뇌 중 어느 쪽 사고에 치우쳐 있는 것은 아닌가. 그들이 사물의 배면을 보는 능력은 얼마만 하며 본원과 본질을 투시해 얻는 해답은 어떤 것인가. 우리의 건강한 붉은 악마들은 분명 어떤 시점에서 진취적인 적극성을 보여 줄 것인가. 그들이 구축하려는 모형의 높이와 크기와 밝기에 기대를 걸어 본다.

끝없는 시작
–2012년 김종영 소식지 6호

류종민(중앙대 명예교수)

1.

이 글을 시작함에 있어 끝없는 순환을 생각함은 무엇 때문인가?

생성과 소멸은 끝없이 일어나는 것이지만 생성도 소멸도 끝은 아니고 또 새로운 시작이며 그 시작은 지금 이 순간이다.

시작은 일직선상의 한 점이 아니고 원의 전체이며 또한 그 작은 부분이기도 하다.

시간과 공간의 시작에는 생성이 있는 듯 보이지만 이미 그것은 동시에 소멸하고 있으며 소멸한 듯하나 그것은 다시 생성되고 있다. 그것이 긴 시간과 큰 공간의 범주에서 보면 생성의 기간과 소멸의 과정이 느리게 진행됨으로 달리 보이지만 짧은 시간과 미세한 공간에서는 이미 생성과 소멸의 이원적 관점은 유별하기조차 힘들게 되며 지속 가능한 불변의 세계를 가늠하기조차 어려워진다.

이것은 현상을 보는 관점이 점점 첨단화할수록 감지하게 되는 사물의 모습이라 한다.

우리가 지상에서 가치를 부여하는 물질은 대강 불변성이나 영속성을 지닌 것으로 순위가 정해지고 그 한 사례가 메달에 나타나는 금, 은, 동인데 우리는 그 마지막 사례인 동으로 조각의 영속성을 대신해 온 것이 고대로부터의 한 방법이었다.

물론 석질에도 견고성에 따라 그러한 의미를 부여하였지만 돌에도 생명력의 한계가 있어 풍화되고 소멸되는 현상에서 벗어나지 못한다.

우리 조각가들은 물질을 다루어 형태를 조성함으로 물질의 속성이나 질료에 대한 연구가 창작에 못지않게 큰 몫을 차지하지만 그러나 새로운 물질의 개발이 곧 창작의 내용은 아닐 것이다. 질료를 떠난 환영의 입체적 홀로그램을 조각의 범주에서는 어떻게 받아들일 것인가? 촉 지각적인 것만이 조각이라고 해야 할 것인가? 이러한 문제도 대두될 법하다.

2.

이 세계는 다중 우주가 있고 반물질이 있어 눈에 보이는 가시적 세계가 전부도 아니며 또 우리가 생각의 범주에 갇혀 온 감지된 세계가 얼마나 단층적인 것인가를 돌아보게 한다.

지금 이 순간에도 다중 우주 속에 겹쳐진 또 다른 내가 있을 수 있다 하니 이것이야말로 무슨 영화 속의 아바타가 아닌가. 그러나 이러한 비전은 전에는 하나의 초현실적 상상이거나 우의적 표현으로만 간주되었지만 이것이 가상이 아닌 실제일 수 있다는 생각은 감히 해 보지 못했을 것이다.

우리가 파악하고 있는 현상계는 이제 그 가와 진을 구별할 수 없게 되어 가고 있고 불확정적이며 근원적인 것에 도달해 갈수록 점점 더 불가지의 세계가 나타나고 있다.

그것은 거의 거시적 세계와 미시적 세계가 동시에 그러해서 우리 은하계의 늙은 블랙홀이 이동해 오고 있는 은하계의 젊은 블랙홀에 흡수될 가능성이라든가 또는 화이트홀에 대한 입증이 이루어질 때의 대치적 논쟁은 아직도 미지수이다.

또 미시적 세계에 대한 탐구와 입증도 끝이 없어서 물질을 이루고 있는 강입자이론의 불확정설이라든가 신의 입자라고 부르는 힉스에 대한 논란이 아직 진행 중이다.

우리가 사고의 파장도 하나의 에너지로 본다면 이 에너지의 세계는 어떤 중층을 이루고 있는가? 본원과 현상의 관계도 원환의 순환같이 끝없이 계속되고 있는 것인가? 뫼비우스의 띠가 일루전이라면 환영과 환영이 아닌 유별은 어디에 있는가? 실체계의 여실성을 돌아보게 한다.

3.

그러나 우리는 괄호 밖의 세계를 알지 못한다. 다만 우리가 삶의 가치와 의미 속에 몸을 던진 조형의 세계, 이 세계의 폭과 높이, 깊이에 대해 탐구하고 통찰하고 표현할 뿐이다.

다만 그것의 고도가 괄호 밖을 뚫고 승화될 때 우리는 괄호 밖의 세계와 만나며 그 세계와 소통한다.

이것은 H.Read의 정신구조역동설과 유비적인데 우리 의식의 근원과 저변에 흐르는 역동적인 힘이 현상계에서 인지된 많은 기억상을 통해 우리의 품성과 인격을 이루고 축적되어 갇혀진 지각을 뚫고 솟아오르는 힘, 승화를 통해 창조적 작품으로 현현된다는 유비다.

이 점은 마리땡의 직관적 창조력과는 다소 상이하나 그것이 축적된 의식을 재료로 하고 있다는 점에서는 상통된다. 직관은 경험을 토대로 하지 않으나 그 저변에 흐르는 힘은 역시 축적된 인식과 경험의 폭이 될 것이다.

그러나 그것을 무화(無化)했을 때 그 비어 낸 공간에서 나오는 힘, 그것이 또한 직관과 관조의 힘이 되리라 본다.

4.

끝없는 시작은 다시 만월에서 시작되며 또한 상현과 하현에서 시작된다. 실로 없어진 것은 아무것도 없는데 보이지 않는 부분은 소실되었다고 생각하며 다시 그것이 다 차 보이면 원상으로 복구되었다고 본다. 그곳에는 기실 생성되고 소멸된 것은 없다.

손을 뒤집으면 손등이 보이고 다시 뒤집으면 손바닥이 보이지만 손등과 손바닥이 언제 사라진 적이 있었든가. 보이면 있다 하고 보이지 않으면 없다는 것은 일면적인 유아적 생각이다. 이 세상에 보이지 않으면서 존재하는 얼마나 많은 세계가 있는가.

양눈의 사이에 또 하나의 눈이 있으니 그것이 제3의 눈이며 천안이라 한다. 그러나 그것도 다음 단계의 혜안과 법안이 없으면 그 내용을 모르고 원인과 결과도 모른다. 일찍이 보지 못했고 생각지 못했던 다른 세계의 창출, 이것은 새로운 눈에서 생성되는 것이며 한계 속의 인습으로는 이루어 내지 못한다. 그러한 세계가 새로운 패러다임으로 비치는 이유는 그러한 눈이 없었기 때문이다.

5.

오늘날 우리는 이 다원화된 세계를 융섭하는 상보적 통합의 시대에 이르고 있다.

예술, 철학, 종교, 과학, 인문학, 생물학, 문화인류학 등 다양한 제학문과 장르마저 서로 상보적 관계를 가지고 왕래하며 하나의 세계를 지향하고 있다. 정보의 교환은 한 분야가 다른 분야에 상보적 영향을 줌으로써 좁은 울타리를 헐고 서로의 이웃을 돌아보게 하고 있다.

인류 문명이 하나의 차축시대를 맞이해서 진화하지만 그 차축은 항상 본원과 연결되어 있다. 물질의 세계가 풍족해질수록 물질을 활용하여 정신적 만족을 얻는 일에 더 경주할 것이며 그러한 세계를 향유하려는 보편적 가치체계도 향상될 것이다.

그러나 물질이 본원이 아닌 이상 물질을 통한 정신적 표현은 끝없이 계속될 것이다.

이번 개인전에 누가 와서 던지고 가는 말이 "달에 도장을 찍었으니 암스트롱보다 멋있다." 나는 한참을 생각하다 무릎을 쳤다.

마음의 달에 도장을 찍었으니 천 개의 몸으로 비추었어도 변함이 없구나.

그리고 전시장의 내 〈월인〉 시를 다시 보았다.

생사가 꿈인데
깨고 보니 없는 몸
몸이 꿈을 꾸었다
수억만 년을
몸이 나인 줄 알고
내가 몸속에 들어가는/꿈을 꾸었다
달은 천강에 비쳐/밝을 뿐인데.

나의 수행일과, 수행하기 가장 좋은 인토(忍土)에 태어났으니

–1990년 불광지

고와 낙이 서로 반(苦樂相伴)이라는 이 사바는 참을 만한 세상이라고도 하는 인토(忍土)로서 수행(修行)하기에는 가장 좋은 곳이라 한다. 지상천국이 되어 낙(樂)만 있는 곳은 자칫 향유(享有)에만 젖어 낙을 즐기느라고 정진(精進)할 생각이 없어지고, 고(苦)만 성해서 고통을 벗어날 궁리만 하는 곳에서는 그 극심한 고통으로 인해 정진할 생각을 낼 틈이 없다고 하니, 고통이 가면 즐거움이 오고 즐거움이 있으면 또 적절한 고통의 자극이 와서 정진하게 하는 이 인토야말로 수행의 장소로 가장 적합한 곳이라는 말은 적절하다.

지구촌의 곳곳에도 외형적인 낙토(樂土)가 있고 지상정토(地上淨土)에 가까운 곳이 있는가 하면 지독한 지옥도 있다. 그것은 마음의 세계에서도 비슷하지만 지구촌의 여러 곳을 둘러볼 때마다 느끼고 생각하는 바가 많았는데 참 세상은 아름다운 것을 찬미하고 성스러운 것을 생각하고 빛 밝은 정토(淨土)만을 예찬하기에도 우리는 얼마나 짧은 일생을 가졌는가 성찰(省察)하게 한다.

그러나 외형적인 것, 조건적인 것, 제도적인 것만으로는 그것이 해결될 수 없는 것이어서 마지막 지상정토(地上淨土)는 한마음을 밝히는 부처님의 법(法)으로만 이룩할 수 있다는 확신이 굳어지곤 했다. 그러한 부처님의 국토(國土)는 외형과 내용이 조화되고 물질적 풍요와 정신적 세계가 함께 융화되고 빛나서 본래의 생명 자체의 가치를 무한히 찾아 갖게 하는 인류의 마지막 이상향(理想鄕)으로 존재하고 도래하리라는 희원(希願)을 갖게 되었다. 아마도 용화세계는 그러한 세계가 아닐까 한다.

실상(實相)의 세계를 보는 눈, 무량한 빛살 중의 한 분광(分光)이었다는 자기 본래의 면목을 발견한 것은 수행(修行)을 통해서만은 아닐 것이다.

수행 이전의 선험(先驗), 통찰과 직관으로 이미 깨닫고 있던 것을 원래의 빛살과 교신하고 확인해서 끝없이 대화하고 확인하는 것이다.

본래의 깊은 자기와 교신(交信)할 때 날씨가 맑고 청정한 날 라디오의 먼 소리가 그대로 잘 들리듯 부처님 말씀대로 신심(信心)이 청정(淸淨)하면 즉생실상(則生實相)이라, 마음이 깨끗하고 비어 있어 그러 칠 것이 없으면 원래의 소리를 다 들을 수 있는 것이다.

빛살의 먼 여행 중에도 장애의 파장이 없으면 원래의 빛살이 그대로 유지되어 조금도 원 빛살과 다르지 않을 것이다.

이것이 선험(先驗)이라면 이것은 누구나 갖고 있는 생명 본래의 소식이요 이미 깨달아져 있는 바인데 금은 새로이 연금(鍊金)할 수 없는 것이고, 이미 생성되어 있는 것을 금맥에서 캐내어 잡석을 제거하거나 사금(沙金)에서 가려내는 일만이 가능한 것처럼 자기가 간직하고 있는 보석을 수행을 통해 발견하고 가려내는 것이지 새로이 무엇을 만들어 내는 것은 아닐 것이다.

또 자기 속의 보석을 알고 있다고는 하나 잡석을 모두 가려내지 않으면 원석 자체로는 쓸모가 없는 것이니 탐, 진, 치의 삼독을 제해 본성을 밝히는 수행(修行)을 통하지 않고서는 세상에 유용한 것을 만들지 못할 것이다.

내가 규칙적이고 주기적인 수행을 시작한 것은 지금으로부터 12년 전이고 그것은 백성욱 박사님의 지도로 이루어졌던 금강경 독송회의 법사님을 접하면서부터였다. 그 이전의 단편적인 수행들은 이 단일한 수행을 위한 예비수련과 같았다. 어렸을 때부터 집에 걸려 있던 '금강경사구게'의 족자를 보고 뜻을 물어 요체는 짐작하였고 또, 이십대 때는 「육조단경」을 읽고 하도 좋아 친구들에게 권하기도 했다. 그러던 어느 날 한 인연이 성숙해 「금강경」에 정식으로 접한 어느 날, 갑자기 내가 탐구했던 유 가치했던 모든 세계가 이 세계로 쑥 들어가 버리고 이 상승(上乘)의 세계 앞에서는 스스로 쌓아 왔던 지견이 얼마나 보잘것없는 것인가를 다시 한 번 절감했던 것이다.

그것은 마치 높이가 보이지 않는 폭포로부터 쏟아져 부어지는 물을 받아 마시며 시원함을 느끼는 것과 같았다. 그리고 그것은 비교할 수 없는 환희와 법열에 젖게 하였다.

이후부터 나는 절에서 하듯 백 선생님께서 정해 주신 법대로 밝은 기운이 움트는 새벽 3시에 깨서 금강경을 독송하는 일을 시작하였다.

물론 불가피한 일로 늦게 자는 날은 새벽 3시에 깬다는 일은 쉬운 일이 아니었으나 그것은 마음먹기에 따른 것이다. 이것이 습관이 되면 여하한 경우에도 3시에는 깨게 되고 세수부터 하게 된다. 물론 금강경 독송도 법당에 나가서 여러 사람과 함께할 때에 가장 잘되는 것은 사실이다. 한 해 겨울은 여러 도반들과 함께 하루에 금강경을 꼭 5독씩 하였다.

백 선생님 법에 따라 금강경 7독을 할 때도 있고, 3독을 할 때도 있으나 금강경 독송을 하느냐 하지 않느냐에 따라 하루를 살아가는데 그 기운이 다른 것을 느낄 때가 많았다.

석가모니부처님의 밝은 기운이 금강경 속에 깃들어 있어 모든 자기의 분별심이 해탈되고 업장이 녹아내리는 것 같은데 백 선생님은 이것을 100일 단위로 해서 달라진 것을 점검하라고 하셨다.

이 후 철야정진을 하거나 여행을 할 때 이 주기의 리듬이 깨질 때도 있었고, 겨울철에는 시간을 늦출 때도 있었으나 아무리 불가피한 일이 있어도 금강경 1독을 하지 않고는 아침식사를 하지 않는다는 나름대로의 규율을 정해 놓고 오늘까지 지속해 왔고 이제 내 일기장엔 4,400일이 기록되어 있다.

이 일과는 이제 내게 있어서는 한 호흡이 되었고 내 생명을 운용해 나가는 리듬이 되었다.

백 선생님께서는 금강경 독송과 아울러 '미륵존여래불' 염송을 하며 마음에 올라오는 모든 생각은 부처님께 바치는 정진을 하라고 하셨는데 이 '바치는 법'은 금강경 제3분 대승정종분(大乘定宗分)에 구류 중생의 마음을 멸도해서 제 마음을 제도하는 것과도 상통된다는 것이다. 한걸음 더 나아가서 이것은 대승적 발원으로 계속되게 되는데 길을 갈 때도 '이 길을 가고 오는 모든 사람들이 그 한마음이 밝아져서 재앙은 소멸하고 뜻은 이루어서 부처님 전에 복 많이 짓고 부처님 시봉 잘하기'를 발원하는 것이다.

이것은 식사 때의 발원이나 모든 범사에 다 이어진다. 한 음식이나 물건을 주고받을 때에 거기에 연관된 수많은 모든 사람들의 마음이 다 밝아지기를 발원하는 연습을 하면 용심(用心)이 한없이 넓어진다.

그리고 어떤 일을 자기가 한다는 생각보다 부처님 시봉하는 일로 발원하는데 이것은 사상(四相)을 파하는 좋은 방법이기도 하다. 밝은이를 공경하고 향하는 마음이 아니고서는 스스로의 분별심으로는 그 자체가 응달을 만들어 밝아질 수가 없다는 것이다.

부처님께서도 "내가 이러한 것을 말했느냐. 내가 어떠한 법이 있어서 이러한 것을 얻었느냐. 내가 말한 이것은 이름이 그러할 뿐이다."라고 수없이 일러 주시지 않으셨던가. 부처님께서는 금강경을 통해 여래의 밝음 자체는 안팎이 투명하여 응달이 없는 것인데 한말씀에 걸려 스스로 응달을 만들까 봐 얼마나 간곡하게 말씀하고 계신가. 다 알다시피 이 금강경은 선가(禪家)의 소의경전이라 할 만하며, 세존의 마음이 그대로 담겨 있어 여불탑묘

(如佛塔廟)라고 할 만한 것이며 일체의 모든 부처님들과 부처님의 정등각이 이 경으로부터 좇아 나온다고 할 만한 것이다.

그동안 이 경을 세 번 강술하며 불은(佛恩)을 회향하였다. 아침의 밝은 기운에 읽는 금강경이 하루의 기운을 밝히는 것이라면, 자기 전에 1독 하는 금강경은 하루의 일들을 해탈시켜 밤새 자면서도 그 기운을 유지시켜 준다. 자면서도 미망에 들지 않고 밝은 기운 속에 정진한다면 얼마나 좋은 것인가.

이렇게 금강경을 매일매일 독송하다 보면 세상을 부정적으로 보는 눈이 자꾸 바뀌어져 모든 세상의 일이 긍정적으로 비치게 되는데 그것이 세상을 위해서도 유익할 수 있는 바탕이 될 것이다.

나는 안성 산속 절 밑에 작품을 하는 작업장 겸 정진소를 하나 가지고 있다. 일주일의 반은 그곳에서 지내는데 자연은 전부 긍정적인 것만 보여 주고 가르쳐서 그곳에서 정진할 때 환희는 또 다른 것이며, 서울에 나와 그 기운을 풀어 놓으면 아마 거기서 충전해 온 기운만큼은 밝아질 것이 아닌가 한다.

부정적인 사람과 사물을 만나 잔뜩 염착이 되었을 때에도 그것을 또 그곳에 가서 풀어 놓으면 자연은 그것을 다 받아 주니 참 부처님 마음 같다고나 할까.

봄여름이 되면 쑥이 나오는데 무서운 번식력을 가지고 있음을 본다. 한 뿌리만 남아 있어도 수없이 돋아나 뽑을 때마다 내 마음의 미망의 뿌리를 생각하곤 이것을 부처님께 바쳐 해탈시키는 법이 얼마나 건강한 삶인가를 생각하곤 한다.

작업장의 내 방에서 금강경을 몇 번 독송하다가 해가 뜰 때쯤 법당에 올라가 독송하면 어디서 새들이 수없이 몰려와 지저귀는데 그때의 환희는 부처님이 쏟아부어 주시는 것 같아 형언할 수 없을 때가 있다. 그리고 그러한 날은 활력이 넘쳐 많은 일을 하게 된다. 오직 감사할 뿐이다. 감사합니다 부처님, 사바의 이 인토(忍土)에 나게 해서 수행하는 무량한 기쁨을 주시니….

미래 불교의 방향과 과제

류종민(교수불자연합회 상임고문)

인류 문화의 발전과정에서 미래 문화 속의 불교의 위상은 어떠해야 할까를 살펴보고 보편적 진리로서의 불교가 이제 올 문화 속에 꽃피울 구체적 모습은 어떻게 현현될까를 그려 보고자 한다. 우선 오늘날 문화의 양상이 내일의 바탕이 될 것임으로 오늘 나아가는 방향을 바로 보아야만 내일을 예측할 수 있을 것이다.

인류 문화의 발전이 과학문명의 발달로 인해서 급격히 진화함으로써 형식이 내용을 넘어서는 양상을 보이고 있는 현 시점에서 모든 편리한 기구와 조직과 생활양태가 사고의 방법을 건조화 시키고 있다고 보여지는데 과연 내용이 함께 건조화되면 문화의 축을 이루는 종교가 무엇을 해야 할까는 자명한 것이다.

과학기술이 발달할수록 인본주의적인 자양이 더욱 필수적이며 정신의 고갈을 채워 한층 더 높은 단계로 고양시키는 일대의 노력과 헌신이 필요하다. 이것이 부처님이 제시한 삼보리의 지혜이며 문화의 자양이 고갈치 않게 하는 법성의 에너지다.

물론 부처님은 미래의 불법세계를 그려 놓으신 용화세계가 있다. 이미 그 외양의 모습은 오늘날의 문명의 모습과 비슷하여 우리가 누리는 주거문명 교통의 도로와 쾌적한 생활문명 그리고 의식주의 풍요 등이 환경의 근본 문제를 제하고는 거의 용화세계의 모습과 근사하다.

그러나 그 내용은 어떠한가. 과연 이제 오실 수기를 받으신 마이트레야(미륵) 사랑의 여래께서는 어떠한 삼회의 설법으로 중생을 교화하실까. 지상 불국정토를 이루는 문화의 양상은 그 내용이 어떠할까. 그것을 우리는 충분히 예측할 수는 있다.

그러나 그러기 위하여 스스로가 준비해야 될 자세를 제시하셨는데 그 점을 우리는 간과하고 있는 것은 아닐까. 그것은 먼 미래의 일이 아니라 오늘 여기 우리가 해야 할 일이다. 왜 그러냐 하면 내용을 담을 형식의 그릇은 이미 갖추어져 가고 있기 때문에. 삼보리는 그 바로 앞에 삼먁(보편)이기를 전제한다. 그러지 않는 내용의 진리는 시대와 지역에 따라 항상 수정되어야 함으로. 무유정법(無有定法)이요 불법자 즉비불법이라 하셨으니 비어 있음으로 무엇으로도 채울 수 있는 얼마나 위대한 불법의 그릇인가.

그러나 그 전제는 항상 누구에게나 어디에서나 언제나 적용될 수 있는 평등과 보편의 진리여야 한다는 것. 이 깨달음을 통해서 인류는 비로소 최고의 복지문화를 향유할 수 있으며 대자유의 인권을 누릴 수 있을 것이다.

제행무상 제법무아 열반적정의 삼법인은 미래에도 변치 않을 불법의 삼먁이다.

장년기의 불교적 인생관

-1998년 석림 및 교불련 논집 6

Ⅰ. 머리말

장년기의 불교적 인생관이라 함은 해석의 두 가지 의미를 지닌다. 제1은 연륜이 성장함에 따라 인격의 성숙이 가져온 세간(世間)의 인생관이요. 제2는 석존께서 설하신 초기 경전으로부터 장년기에 이르셨을 때 설하신 경전을 통해 출세간적(出世間的) 인생관을 엿보는 세간적 방법의 의미이다. 이미 시간을 초월하여 하나의 관(觀)을 이루신 세존께 장년기라는 연대적 분별은 세간의 해석일 수밖에 없겠기 때문이다.

그러나 분명 세존께서 설파하신 경전을 대별(大別)하면 그곳에는 연륜에 따른 유별(有別)이 있는 것이니 그것이 방편이라 하더라도 우리는 한 인생의 연륜에 맞추어 한 번쯤 일고(一考)해 볼만도 한 것이다. 우선 논고 전개의 방법의 문제로써 세존께서 설하신 경전 연대를 대별해서 일고해 본다.

처음 사제법문(四諦法門)을 설하신 아함부(阿含部)를 12년, 다음 방등부(方等部)를 8년, 세 번째 반야부(般若部)를 21년, 다음 법화경(法華經)을 12년 동안 해서 마치셨다고 하면 석존의 세수 50세에서 71세까지의 장장 21년간을 반야부(般若部, 六百部般若)를 설하셨다고 할 수 있으며 이것은 우리의 장년기를 통과하여 노년기에 이르는 시기라 할 수 있는 것이다.

그러면 우리가 세간에서 통상적으로 장년기에 갖고 있는 인생관과 세존께서 반야부를 통해 설하셨던 요체를 비교해 봄으로써 불교적 인생관이 어떻게 확립되어야 하는가를 성찰해 볼 수 있을 것이다.

과연 내가 장년기에 갖고 있는 이 인생관은 불교적 인생관에 비추어 바람직한 것인가를 성찰해 보는 계기를 만드는 데 이 논고의 의의를 두고자 한다.

Ⅱ. 본말

1. 불교와 장년기의 인생관

세상의 모든 부와 권위가 구족했던 태자가 그러한 범주의 세계를 일탈(逸脫)해서 구하고자 하였던 것은 무엇인가? 이것은 하나의 의문에서부터 출발하였다.

태어난 자는 반드시 늙어야 하고 병들어 죽어야 한다면 이 불완전한 인생에서 과연 추구해야 할 것이 무엇인가? 이것은 생의 가장 근원적인 의미와 가치를 묻는 지고의 문제제기가 아닐 수 없다. 이 문제의 궁극적인 해답을 얻기 전에는 어떠한 오욕의 락

(樂)도, 최고의 권세를 지닌 왕의 지위도, 최고의 지식도 아무 의미가 없었던 것이다.

세간의 의미, 가치가 한 괄호로 묶여 허망으로 비칠 때 본원(本源)에 대한 자각은 시작된 것이며 괄호 속에서 벗어나서 참다운 세계에 진입하고자 하는 일대 변혁의 징조가 나타난 것이라 보아도 무방할 것이다.

한마디로 해서 불교적 인생관의 출발은 여기에서부터 시작한다고 보아도 좋을 것이며, 이 인생관이 어떻게 증득되고 확립되며 실현되는가 하는 것은 다음 단계로 차례로 전개될 것이다.

이 인생관은 곧 세계관이 되고 우주관이 되고 생명관이 되어 그 영역의 범주가 무변하게 확장되게 되는 것이다.

싯다르타 태자가 처음 출가해서 마가다(Magadha)로 가게 되었을 때 당시의 대왕(Mahārāja)은 수도를 하러 떠난 태자를 보고 환희심이 나서 당신의 영토에 3년간 안주할 것을 권하면서 많은 대중이 귀의할 것을 기대한다. 이에 젊은 싯다르타는 다음과 같이 말했다 한다.

"왕이여! 나는 이 세상의 고통의 근본이 무엇인지를 알았습니다. 모든 고기 잡는 사람을 보시오. 굵은 고기를 잡고자 하다가 깊은 물에 빠져 죽습니다. 또 나무하는 사람을 보시오. 굵은 나무를 구하고자 하다가 벼랑에 떨어져 죽습니다. 모든 상인을 보시오. 금을 구하고자 하다가 도둑의 손에 죽습니다. 모든 제왕을 보시오. 남의 영토를 탐하다가 적군의 손에 죽습니다. 이러한 것의 근본을 알아서 이 고(苦)를 여러 사람들로부터 여의고자 합니다."

이것이 출가한 동기라고 해도 과언이 아니며 성도하신 후 처음으로 누구에게 말씀하셨을 때 "이 세상은 고생이다. 그 고생의 근본을 살펴라. 그 고생의 근본을 살펴서 그것을 없애라. 없애면 네 마음이 밝느니라." 그래서 이것이 고제(苦諦), 집제(集諦), 멸제(滅諦), 도제(道諦)의 범주에 의지해서 법문하신 아함부의 요체가 되었다."[1]

「장아함경」에서는 태자가 한적한 곳에 가서 오로지 수도에 정진할 때 이렇게 생각했다고 적고 있다.

'아아 중생들은 참으로 불쌍하다. 항상 어둠 속에 있으면서 몸은 언제나 위험하고 약하다. 남(生)이 있고 늙음이 있고 병이 있고 죽음이 있다. 그래서 몸은 모든 고통이 모여 있는 곳으로서 여기서 죽어 저기서 나고, 저기서 죽어 여기서 난다. 이 괴로움 덩이로 인하여 바퀴처럼 돌아 끝이 없는 것이다. 나는 언제나 마땅히 이 괴로움의 원인을 밝게 알아 생로병사(生老病死)를 없앨 수 있을까.'

이것을 관해서 생(生) · 유(有) · 취(取) · 애(愛) · 수(受) · 촉(觸) · 육입(六入) · 명색(名色) · 식(識) · 행(行) 등을 인연해서 생의 괴로움의 음(陰)이 있는 것을 관(觀)했다.

보살이 괴로움의 원인을 깊이 생각할 때, 지(知)가 생기고 눈이 생기고 깨달음이 생기고 밝음이 생기고 통(通)이 생기고 혜(慧)가 생기고 증(證)이 생겼다.[2]

1) 白性郁 博士 解說 金剛般若波羅密經 金剛經讀誦會 刊 pp.22~24 참조.
2) 한글대장경 장아함경 동국역.

처음의 비바시 부처님은 처음으로 도를 이루었을 때 많이 이관(二觀)을 닦았다. 첫째는 안은관(安隱觀)이요, 둘째는 출리관(出離觀)이었다.

부처님은 게송으로 말씀하셨다.

"짝 없는 여래는 두 가지 관을 닦았다. 그것은 안은관, 출리관이라 저 언덕으로 이미 건넜다. 그 마음은 자유를 얻어 모든 번뇌를 끊어 없애고 산 위에 올라가 사방을 살피니 그러므로 비바시라 이름하나니라. 큰 지혜 광명은 어둠을 흩어 거울을 스스로 비추는 것 같아라. 세상을 위해 걱정 번민 없애고 남, 늙음, 죽음의 괴로움 다했다."[3]

그러나 불교의 인생관이 여기서 끝났다면 어찌 불교라는 교단이 성립할 수 있었겠는가.

부처님은 한적한 곳에서 또 이렇게 생각했다.

'나는 이제 이미 위없는 법을 얻었다. 이것은 매우 깊고 미묘해서 알기도 어렵고 보기도 어렵다. 이것은 번뇌가 없고 맑고 깨끗해 오직 지혜 있는 사람만이 알 바요. 범부로서는 미처 알 수 없는 것이다.

이는 모든 중생들이 다른 주장과 다른 소견과 다른 감정과 다른 학문을 의지하기 때문이다. 그들은 그 다른 소견을 의지해 제각기 구하는 바를 즐기고 제각기 배운 바를 힘쓴다. 그러므로 이 매우 깊은 인연의 법을 이해하지 못한다. 그리고 애욕이 끊어진 열반을 말해도 그것은 더욱 알지 못할 것이다. 내가 저들을 위해

3) 上揭書 p.31.

법을 설명해도 저들은 반드시 그것을 알지 못하고 다시 번거로움을 일으킬 것이다.'[4]

이렇게 생각하고 설법하지 않으려 했다. 그러나 세상이 망할 것을 염려한 범천왕의 간청으로 깊고 미묘한 법은 세상을 위해 설해지기 시작하여 석존시도 이와 비슷한 과정으로 불교라는 교단이 성립하게 되는 것이다.

그리해서 참다운 자기의 진면목을 찾음과 동시에(세간에서의 자아완성) 이 법을 펴 모든 중생을 구제하려는 대승(大乘)의 사상으로 나아가게 된 것이다.

아함부 다음에 나타는 방등부는 내외적으로 계급제도가 심했던 인도사회에 커다란 구원의 길을 열어 주고 있는데 이것은 아직까지도 카스트제도의 관념이 남아 있는 인도 사회에서 힌두교에 비해 매우 열세인 불교도의 숫자를 다시 증가시키는 요인이 되고 있는 것이며, 세존은 동시대(同時代)의 차별사회에 대해 가히 혁신적인 사회개혁의 평등관을 제시했다고 해도 과언이 아닐 것이다.

누구나 깨칠 수 있는 마음은 똑같다는 이 평등관을 「금강경」에서 찾아보면 〈정심행선분(淨心行善分)〉 제23(第二十三)에

副次須菩提 是法平等 無有高下 是名阿耨多羅三邈三菩提 以無我無人無衆生無壽者 修一切善法 卽得阿耨多羅三邈三菩提 須菩提 所言善法者 如來說 卽非善法 是名善法

4) 上揭書 p.32.

이라 하였으니 이 법은 평등하여 높고 낮음이 없으니 그 이름이 아뇩다라삼먁삼보리다. 내가 없고 남이 없고 중생도 없고 수자가 없이 일체의 좋은 법을 닦으니 그것이 곧 아뇩다라삼먁삼보리이니라. 수보리야 말한 바 선법이라는 것은 여래가 설한 선법이 아닌 것이 그것의 이름이 선법이니라.[5)]

아뇩다라삼먁삼보리의 마음을 발할 수 있는 사람은 어떠한 특정한 계층의 사람이 아니라 선남자 선여인이면 누구나 이 무상정등정각(無上正等正覺)의 마음을 발할 수 있다고 하셨으니, 이 평등관은 어떠한 처소와 시대에도 적용될 수 있는 보편성 위에 정립되어 있는 것이다.

다음은 우리의 장년기에 해당되는 반야부의 지혜관(智慧觀)이다. 이것은 태양이 가장 빛나는 정오에 비유할 수 있으니 우리 인생의 완숙기에 해당된다 할 수 있을 것이다. 물론 반야는 세간의 지혜와는 다른 점이 있다. 그것을 간략히 표현할 수는 없으나 세존께서 실천궁행의 지표로 삼으신 여섯 가지 바라밀 중의 마지막 바라밀로서 반야를 두신 것은 그것이 전단계의 결과로써의 의미를 중요시하셨던 것으로 생각되기 때문이다

행위와 실천이 없는 독자적인 지혜가 아니라 보시, 지계, 인욕, 정진, 선정의 바라밀을 닦아 그러한 바라밀과 하나가 되어 있는 반야의 지혜 바로 대승의 정신이 이 속에 포함되어 있기 때문이다.

장년기의 인생은 이미 청년기의 노력의 결실로써 안정된 기반

5) 白性郁 博士 解說. 前揭書. p.264.

을 구축한 시기로 보아야 함으로 사회나 국가나 인류를 위해 자기의 은혜를 보답할 시기이며 베풀어야 할 보살도의 시기인 것이다. 마른 지혜가 되지 않고 참다운 지혜를 밝히려면 그 뿌리가 보시바라밀(布施波羅密)에 닿아 있어야 하며 그것이 바로 스스로의 지혜에 의해 요익중생을 생각하는 보리살타와 대승정신의 서원인 것이다.

탐, 진, 치의 삼독(三毒)을 제거하는 방법으로서 보시, 지계, 인욕의 바라밀을 대응하기도 하는데 장년기에 이르러서도 끝없이 일어나는 탐심을 지혜로 바꾸려면 보시바라밀을 행해야 하며 이 탐심은 바로 아상(我相)에서부터 출발함으로 아상이 없는 보시바라밀을 연습하여 지혜를 밝히도록 그 마음을 닦아야 할 것이다.

장년기에 이르러서 탐, 진, 치의 삼독이 얼마나 닦아져 있느냐 아니냐에 따라서도 그 인생관은 많이 달라질 수 있으니, 이 삼독이 고(苦)의 근원을 관(觀)해서 청정심을 회복해 그것으로 실상에 귀의할 수 있다면 그는 제일 희유한 공덕을 성취했다고 할 수 있을 것이다.

탐, 진, 치를 가지고 이룬 세간의 성취와 탐, 진, 치를 버리고 신심이 청정해서 즉생실상(則生實相)한 성취의 공덕은 그 인생관 자체가 근원적으로 다를 것이다.

이것은 「금강경」 〈이상적멸분(離相寂滅分)〉 제14에 잘 나타나 있다.

爾時 須菩提 聞說是經 深解義趣 涕淚悲泣 而白佛言 希有世尊 佛說如是甚深經典 我從昔來 所得慧眼 未曾得聞如是之經

장로 수보리존자조차 과거로부터 얻은 혜안으로는 일찍이 들어 보지 못한 이 경의 깊은 뜻의 말씀을 듣고 흑흑 흐느껴 울게 되었으니 이것은 여태까지의 혜안으로 본 세계관에 일대의 변혁이 일어났음을 감지할 수 있는 것이다.

그래서 이 희유한 사람은 아(我), 인(人), 중생(衆生), 수자(壽者)의 상(相)이 없는데 아상이 즉시비상(則是非相)이며 인상, 중생상, 수자상이 즉시비상이니 이일체제상(離一切諸相)하면 즉명제불(則名諸佛)이라고까지 말씀하신 것이다.

세간의 장년기에 이르면 집안에서나 사회에서나 자기가 수행해 온 분야에 있어서도 얼마나 상(相)이 많은가. 상이 생길대로 생겨서 명색(名色)을 버리기가 힘들 터인데 모든 상을 버리면 곧 부처님이라 이름할 수 있다 하였으니 세간에서 보면 역설로 보이는 이 불법(佛法)의 세계는 얼마나 시원하며 통쾌한 진면목을 일깨워 주는가.

17분(十七分)에는 통달무아법자(通達無我法者)인데는 여래설(如來說) 명진시보살(名眞是菩薩)이라고 하셨는데 이 무아관(無我觀)이야말로 참다운 보살의 면목이라고 볼 수 있을 것이다.

나(我)라고 할 만한 것이 없는 것을 보아야만 그 행(行)이 밝을 수 있는데 나라고 하는 것을 내세울 수 있는 데까지 내세워 하는 행, 이것은 세간의 자랑이 될 수 있을지 몰라도 최소한 보살의 행은 아닌 것이다.

장년기는 베풀 수 있는 나이로 그렇기에 이 무주상보시행(無主相布施行)을 잘 익혀야만 그가 하는 일이 참다운 공덕이 될 수 있을 것이다. 장년기에 상(相)을 지닌 인생관에서는 아직 냄새가 날 것이나 상을 여읜 사람에게서는 그윽한 밝음이 투명하게 비칠 것이다. 상을 다 녹여 없앤 그 자리에는 조용한 적멸(寂滅)이 찾아오니 이를 이상적멸(離相寂滅)이라 할 수 있을 것이다.

특히 장년기에 들어서서는 수자상이 생기기 쉬운데 수행의 정도가 순숙해져 감에 따라 남에게 이 법을 전하겠다는 발심(發心)은 좋으나 남을 지도한다거나 제도한다는 한 생각이 따라붙으면 이는 아상(我相)의 그림자에 들어서고 마는 것이니 제도는 부처님이 하시는 것이고 자기는 부처님을 시봉한다는 생각으로 부처님을 향하면 위타인설(爲他人說)해도 상은 따라붙지 않을 것이다.

사회의 지도적 위치에 있다고 해서 스스로를 지도자라고 생각하는 것은 장년기에 가장 주의할 점의 하나다.

「금강경」〈화무소화분(化無所化分)〉 제25에

如來作是念 我當度衆生 須菩提 莫作是念 何以故 實無有衆生如來度者 若有衆生 如來度者 如來則有我人衆生壽者 須菩提 如來說 有我者 則非有我 而凡夫之人 以爲有我 須菩提 凡夫者 如來說 則非凡夫 是名凡夫

"여래가 중생을 제도한다는 생각을 한다고 생각하지 말라. 왜냐하면 실로 여래가 제도한 중생은 없기 때문이다. 만일 어떤 중생을 여래가 제도한다면 여래도 아인중생수자(我人衆生壽者)가 있게 되는 것이니라. 여래께서 말씀하신 나라는 것은 곧 내가 아니언

마는 범부의 사람이 내가 있다고 하느니라. 범부라는 것도 여래가 말씀하신 범부가 아니고 그 이름이 범부니라."고 하셨으니 얼마나 한 생각 주의할 것인가를 보게 한다.

그러면 세존께서 말씀하신 반야부에서도 가장 순숙하실 때 설하신 금강반야바라밀경의 요체는 무엇인가?

세존께서는 인생 자체를 고(苦)로 보시고 열반의 길을 제시하셨는데 그것은 어떻게 열리는가?

마음을 항복받고 머무는 것에 대한 수보리존자의 질문에 대한 응답으로, 대승정종분(大乘正宗分) 제3(第三)에 아홉 가지 일체중생(一切衆生)의 종류를 모두 다 무여열반(無餘涅槃)에 들게 해서 멸도(滅度)하리라 하라. 그렇게 무량, 무수, 무변, 중생을 멸도해도 실로 멸도받은 중생은 없느니라고 하셨는데, 인간도 이 아홉 가지 중생 중의 태생에 속하지만 실은 그 마음속엔 난생(卵生), 습생(濕生), 화생(火生) 등 구류중생(九類衆生)의 마음이 다 있어서 이 마음을 항복받고 남음 없는 열반에 들어 멸도하게 해야 한다는 말씀으로 해석할 수도 있다.

물론 이 전제조건은 선남자 선여인의 아뇩다라삼먁삼보리의 마음을 발한 경우이다.

그러나 그러한 중생심은 무량, 무수, 무변해서 팔만사천의 법문으로도 다 멸도하기 어렵거늘 이 정종분에서는 모두 다 남음 없는 열반에 들게 할 것이라고 말씀하시고 이렇게 그 마음을 항복받으라고 하셨다. 그러고 나면 멸도된 한 중생도 없다고 당위의 말씀을 하셨다. 그래서 「금강경」은 이 마음을 항복받고 제도해서 부숴지지 않는 지혜를 얻고 그것을 머물러 실천하는 데 있다.

그러나 역설적으로 그 마음을 어떻게 머물 것인가에 대한 응답은 머무는 바 없이 마음을 내라는 것이니, 제4분의 묘행무주(妙行無主)며 색 성 · 향 · 미 · 촉 · 법에 머무는 마음이 없이 내는 보시이다.

이 응무소주(應無所住)하여 행어보시(行於布施)하는 것, 부주상보시(不住相布施)의 실천공덕은 허공을 헤아릴 수 없듯 불가사량(不可思量)이니 보살은 응당 이러한 가르침대로 머물라고 하신 것이다.

이는 바로 육조 혜능대사의 마음이 완전히 열리신 제10분의 응무소주(應無所住) 이생기심(而生其心)에 연결된다. 이 머무는 바 없이 마음을 내는 전제조건은 청정심(淸淨心)이다. 그것은 색(色) · 성(聲) · 향(香) · 미(味) · 촉(觸) · 법(法)에 머물지 않는 깨끗한 마음이다.

장년기가 베푸는 시기라면 응당 머무는 바 없이 마음을 내어야 하는데 그것은 그냥 되는 것이 아니라 청정심을 연습해서 부주어상(不住於相)이 되어야 한다. 그러려면 그 마음을 끊임없이 항복받는 수행이 이루어져야 할 것이다. 그 마음을 끊임없이 멸도해 주시고 열반에 들게 하는 부처님께 바쳐서 그 마음을 밝혀야 할 것이다. 불자로서 부처님을 기쁘게 해 드리는 일 중에 이보다 더 큰 일은 없다. 이것은 스스로 해야 할 일이기 때문에 한 중생도 제도한 바가 없다고 하신 것이다.

장년기에는 외양으로 나타난 모든 현상계의 성취에 잘못 마음이 빠져 버리기 쉽다.

그러나 바깥으로 보이는 모든 가시적 모습이나 모양은 과연 실다운 것인가를 깊이 성찰해 볼 시기이기도 하다.

〈여리실견분(如理實見分)〉 제5에 모양으로 여래를 볼 수 있느냐는 세존의 질문에 수보리는 "불가이신상(不可以身相)으로 득견여래(得見如來)"라고 답하니, 부처님께서는 "범소유상(凡所有相) 개시허망(皆是虛忘) 약견제상비상(若見諸相非相) 즉견여래(則見如來)"라는 금강경에서 가장 회자되는 사구게(四句偈)를 일러 주신다.

물론 이것은 이 세계의 실상이 밖으로 보이는 세계에 있는 것이 아님으로 모든 밖으로 보이는 모양이 다 허망한 줄을 알아 모든 모양이 실상이 아닌 줄을 알면 곧 보이지 않는 실상의 여래를 보게 되리라는 말씀으로 해석할 수 있다.

네가 보는 것은 네 분별(分別)의 세계이니 네 분별의 세계는 실상(實相)의 세계가 아니다. 네 분별을 다 바쳐 그 마음이 멸도되어 열반에 들고 청정해지면 비로소 너는 실다운 세계의 내외가 밝은 여래를 곧 보게 되리라는 말씀이시다.

이것은 제14분에 어떤 사람이 이 경을 듣고 신심이 청정해서 즉생실상(則生實相)하면 제일 희유한 공덕을 성취한 것이니라 한 말씀에도 연루된다.

그리고 마지막 결론부에 일체유위법(一切有爲法) 여몽환포영(如夢幻泡影) 여로역여전(如露亦如電) 응작여시관(應作如是觀)이라는 사구게(四句偈)로 여실히 나타난다.

일체의 유위법이 꿈, 환, 물거품, 그림자, 이슬, 전기 등과 같으니 유위세계의 일은 응당 이렇게 볼지니라.

우리가 참다운 재산이라 할 수 있고, 참다운 성취라고 할 수 있는 것은 유위세계(有爲世界)에 있는 것이 아니라, 실(實)다운 세계, 어떠한 것으로도 파쇄(破碎)되지 않는 금강석과 같은 지혜의 세계, 상이 없는 세계, '나'라는 분별이 없는 세계, 그러므로 전 중생에게 유익할 수 있는 무위의 세계에 있는 것이니라. 이것을 행하여 얻는 것이 참다운 성취이며 그러므로 이것을 제일 희유한 공덕의 성취라고 비로소 하는 것이다. 이것은 세간의 성취와 비교할 수 있는 것이 아니다. 부처님을 조어장부(調御丈夫)라고 하는 이유가 여기에 있을 것이며 그러면서도 세간의 어떠한 일도 다 소홀함 없이 이해하시니 세간해(世間解)이시기도 하다.

〈무득무실분(無得無失分)〉 제7분(第七分)에 일체현성(一切賢聖)이 개이무위법(皆以無爲法)에 이유차별(而有差別)이시니라 하셨으니 현성이 계시는 세계는 당연히 무위법(無爲法)의 무위세계이시지만 우리가 사는 세계는 유위의 차별세계(差別世界)니 얻은 바 없는 여래의 아뇩다라삼먁삼보리를 얻었다고 생각하기도 하고 취(取)했다거나, 여래가 설(說)하셨다거나, 법(法)이라거나 하는 차별상을 내는 것이다. 출세간법(出世間法)에는 차별이 없지만 세간법(世間法)에는 차별이 있으니 출세간의 현성(賢聖)이 내는 차별은 우리 세간의 눈으로 본 차별일 뿐이다.

이로써 장년기의 불교적 인생관의 윤곽은 대강 드러났다고 보는데 이것은 다 세간의 분별일 뿐 개달음에 있어서 연륜이 없듯이 불교적 인생관이 장년기가 되어야만 성숙된다는 것도 무위법(無爲法)에 내는 현성의 차별과 같은 것이다.

2. 장년기의 여타 인생관과 범본

불교의 인생관에서 이미 장년기에 우리가 흔히 갖게 되는 인생관을 엿보았다. 인생관이란 사람에 따라 다 각각 다르고 그가 자라온 환경, 시대, 인종에 따라서도 다를 수밖에 없을 것이다. 그의 지적 수준에 따라서도 다르고 그가 쌓은 수양이나 닦은 수행에 따라서도 다르고 그의 천성과 품성에 따라 다르고 또 그를 양육한 부모에 따라서도 다를 것이다. 그 이후에도 그가 깊은 영향을 받은 지기나 스승에 따라서도 달라질 수 있으며, 어떤 충격적인 사건이나 계기를 맞아 인생관의 변화가 일어날 수도 있을 것이다. 그러니 고정적이고 결정론적인 인생관이란 사실 있을 수 없다. 다만 몇 가지의 범본을 제시할 수 있고 바람직한 인생관의 유형을 살펴볼 수 있을 뿐이다.

어찌 보면 인생의 목표나 가치관이 이 인생관 속에 포함될 것임으로 이것은 연륜이 성장함에 따라 그가 살고 있는 삶의 위치가 달라짐에 따라 인생의 목표나 가치관이 달라질 수 있으며 그 속에서 장년기의 범본과 유형을 찾아낼 수 있을 것이다.

혹자의 인생관은 청년기의 순수하고 지고한 것에서 장년기의 현실적인 것으로 변할 수 있고 혹자의 인생관은 낮고 좁은 안목에서부터 출발하여 점점 심원하고 높은 것으로 올라갈 수도 있을 것이다.

여기에 이미 연륜에 따라 변화해 간 것이 아니라 이미 그 연륜에 따라 무엇을 추구해야 할 것인가를 설정한 공자의 인생수행을 살펴보자.

그분은 칠십이 세로 서세(逝世)하시기 얼마 전 연륜의 연대에 따라 정신의 성숙도와 당신의 평생 조보(造步)를 이렇게 요약하셨다.

子曰, 吾十有五而志於學, 三十而立, 四十而不惑, 五十而知天命, 六十而耳順, 七十而從心所欲不踰矩(爲政 第二)

십오 세에 나는 예지를 추구하기로 마음을 정하였다.
삼십 세에 나는 굳건히 섰다.
사십 세에 나는 망상에서 해방되었다.
오십 세에 나는 천의(天意)를 이해하였다.
육십 세에 나는 내 심신이 순해졌다.
칠십 세에 나는 마음의 욕망을 따르되 한계를 넘어 딛지 않았다.

그 어른께서는 삼십 세까지 당신 생활의 첫 단계를 완성하셨다고 본 것이다. 그 시절부터 오십 세 전후까지 그 어른께서 윤리덕(倫理德)을 행습(行習)하고자, 환상과 망상에서 정화되고자 스스로 엄격한 기율(紀律)로 처신하셨고 그런 일이 그 어른을 천의의 이해까지 이끌었다.

오십 세부터 그 어른께서는 점점 더 순(順)하게 성장하시어 초성(超性) 섭리의 오묘한 도리에 순응하심으로써 당신 생애의 말경(末境)에 가서 한계를 넘을 걱정이 없이 당신의 마음대로 행하실 수 있었다. 자연히 이성의 광명에 인도되어 아마 더러는 위로부터의 특별한 조명의 조력을 받아 그 어른께서는 당신의 전 생애를 예

지의 추구에 소비하신 결과 중국사상에서 맞설 수 없이 위대한 덕성에 득달(得達)하셨다.[6)]

여기에서의 예지는 불교의 지혜 반야와 먼 거리에 있는 것일까.

예지를 추구하고자 마음을 정(定)한 것은 선남자가 아뇩다라삼먁삼보리의 마음을 발(發)한 것과 얼마나 다를까.

망상에서 해방된 불혹(不惑)은 번뇌망상을 잠재우고 닦은 적정이나 여여부동(如如不動)에 얼마나 가까울까.

천의를 이해함이나 천명을 앎(知天命)은 부처님의 뜻을 이해하고 그 혜명(慧命)을 이어 받고자 하는 불자(佛子)들의 자각과 사명감에 비추어 볼 수 있지 않을까?

오십대의 장년기에 부처님의 뜻을 확고히 알아 행할 수 있다면 그래도 선근(善根)이라 할 것이다.

하늘의 뜻이 자기 속에 있어 제 속에서 자라고 있었고 그것이 연기(年紀)가 지남에 따라 동시에 성숙해서 하나의 과(果)를 맺음은 불교의 여래장이나 공교(公教)의 천주(天主)의 뜻이나 유교의 인생역정에 보이는 바가 크게 다르지 않다고 보여진다.

한 밝은 뜻이 씨 심어져서 맹아(萌芽)하고 개화(開花)하고 결실을 맺음을 기독교에서는 세 고비의 사랑길(三程愛道)에 비유한다. 그것은 점진적으로 닦아 향상해 올라가는 영성(靈性) 노정(路程)이다. 그러나 어느 순간 찰나에 내심의 문이 열리며 낙원을 보게 된다. 무쟁삼매(無諍三昧)에서 아란나행(阿蘭那行)을 즐기는 것이다. 이것이 본

6) 吳經態 著, 金益鎭 · 南基英 共譯〈內心樂園〉 성바오로출판사, 1966, p.17.

원(本源)에 대한 귀거래(歸去來)가 아닌가.

중용(中庸)에는 "인간의 도덕생활은 먼 곳으로 가는 여행에 비할 것이니 가장 가까운 단계로부터 시작하여야 한다. 그것은 또한 높은 데로 오름에 비할 것이니 가장 낮은 단계로부터 시작하여야 한다."고 하였다.

오십의 지천명(知天命)은 어떤 높이에 있는가. 견성은 완성을 뜻하지 않으며 이제 겨우 제 성품을 본 시작을 뜻한다. 얼마나 많은 두타행이 따라야 하며 얼마나 많은 보살행이 기다리고 있는가.

천의를 이해함은 곧 그에 따른 행위를 상정하는 것이다. 천명을 앎으로써 중생을 위한 보살행이 시작되는 것이다. 그러나 천명을 안다는 것은 아는 사람만의 몫이다. 그 몫을 누가 대신 이해할 수 있으며 누가 대신 해석할 수 있겠는가. 그 가장 보편적인 삼먁의 보리를 이해한다 해도 그 투철성, 그 깊이에는 개인차가 있을 수밖에 없을 것이다.

육십의 이순(耳順)이나 칠십의 종심소욕불유구(從心所欲不踰矩)는 마치 불가(佛家)에 있는 십우가(十牛歌)의 한 단계를 연상케 한다. 소를 찾아 길들이기로 마음을 먹은 것에서부터 길들여진 마음의 소와 순응하고 조화되어 무욕(無慾)의 자기 뜻대로 소를 잡아타고 귀가하는 장면은 공자가 칠십에 득달한 경지를 엿보게 한다.

여기에 이르기까지 거칠고 제 마음대로 하려는 야생의 소를 얼마나 길들여야 하는가. 노자(老子)께서는 자기 극복과 욕망의 억제를 공자(孔子)보다 한층 더 강조하셨다.

그 어른은 이렇게 말씀하실 정도였다.

오색(五色)은 눈을 멀게 한다.
오음(五音)은 귀를 먹게 한다.
오미(五味)는 입맛을 잃게 한다.
말타기와 사냥은 생각을 미치게 한다.
희귀한 물건은 못된 짓을 하도록 사람을 꾀인다.
그러므로 성인은 마음에 유의하고 눈에는 유의하지 아니한다.
성인은 밖에 있는 것은 버리고 안에 있는 것을 취한다.

노자의 생각으로는 방종한 생활에 중독한 사람은 아무도 도(道)에 이를 수 없다.[7]

자제와 극기에 대한 〈바가바드-기타〉의 구절을 본다.

아트만을 아는 이는 창정한 인식이 낳은 행복을 알고 있다.
사트와의 기쁨이여!
엄격히 자제하면 즐거움이 깊어라.
처음엔 쓰라린 고생이나 나중엔 그 얼마나 달가워… 슬픔의 멋음이여!
관능이 또한 관능의 짓들과 혼합하면 기쁘지만 처음엔 달가워도 나중엔 그 얼마나 쓰거워!
라자스에 빠지면 그 쾌락은 독이다.
타마스가 낳은 것은 금수 같은 만족이다.
어리석고 게으르고 완고한 과오는 그 끝과 그 시작이 다 같이 망상이다.[8]

7) 上揭書 p.85.
8) 上揭書 p.88.

이것을 보면 공자에서 도정(道程)의 한 단계로 망상에서 해방된 불혹의 의미가 얼마나 큰 것인가를 알 수 있다.

비록 대승경전에 실려 있기는 하지만 소승사과(小乘四果)의 첫 입류(入流)인 수다원과(須陀洹果)가 불입색성향미촉법(不入色聲香味觸法)이니 이것을 공자(孔子)식 연기(年紀)로 보면 사십에 완성할 과제인 것이다. 그러나 수다원(須陀洹)을 불혹에 대비(對比)하는 것은 세간의 분별일 뿐이며 또 이것은 비약일 수도 있다. 각자가 개발한 도정은 목적지에 이르는 한 방편일 뿐이다. 목적지에 이르도록 최초의 길은 만든 것이며 각자가 선택한 길을 따라 목적지에 이르는 것이다. 최초에 목적지를 확고히 정하는 것이 문제이며 또 정했다 하더라도 그 목적지에 닿아서 제 눈으로 보기 전에는 알 수 없는 것이다. 그 도정에서 지나는 각 성읍도 실제로 지나면서 보기 전에는 함부로 말할 수 없는 것이다. 그것을 비록 세간의 언어로 요약해 표현하였다 하나 그 유추는 범부의 탁상공론일 뿐이다.

사족동물(四足動物)에서 진화한 인간이 동물적 본능을 극기하고 한 단계 더 진화한다는 것은 마치 벌레이던 곤충이 날개를 달고 하늘을 날아오르는 것처럼 극적인 변화를 보이는 것인데, 만일 이것을 멈춘다면 그것은 생존본능(生存本能)을 위해서 끝없이 먹이를 찾고 생식을 하는 사족동물(四足動物)보다 나을 것이 없는 것이다.

정신적 생활에 대한 자각, 자기 정신의 끝없는 진화와 향상을 포기한다면 두 발로 서게 된 것이 불안의 시작이요, 머리를 들어 하늘을 보게 된 것의 의미가 없는 것이다.

자기 자신에 대한 성찰을 할 수 있도록 인간은 진화했고 거기에 지고한 세계가 있음을 인간은 발견했다. 한번 이것을 발견한 인간은 다시 저급의 세계에 대해서는 관심이 사라지며 이것은 한 인생의 진보 단계에서도 마찬가지로 적용된다. 어린아이가 그렇게 소중하게 여기던 장난감이 그 연륜이 성장함에 따라 무의미하게 되며 청년기의 가치관이 장년기에 전도되는 수도 있다.

끝까지 장난감에 가치를 두고 그 놀이에 전력을 기울인다면 다음 단계로 진보한 사람의 안목에 그것은 어떻게 비칠 것인가?

장년기에 이르러서도 이것을 성찰하는 안목을 못 가졌다면 그는 자기의 정신적 진보 단계가 정상인가를 깊이 한번 되새겨 보아야 할 것이다.

노자께서는 역설로 보이는 진리를 이렇게 펴 보이신다.

구부리면 그대는 온전하리라.
굽히면 그대는 곧아지리라.
비우면 그대는 채워지리라.
낡으면 그대는 새로우리라.
적게 가지면 그대는 얻으리라.
많이 가지면 그대는 잃어지리라.

하심(下心)을 하고 마음을 비우는 것, 한 번쯤 청년기의 가치관을 뒤집어 보는 것, 세간(世間)의 가치와 도의 가치를 비교해 보는 것, 아집을 파쇄하고 거기에서 일탈하고 해방되는 것, 진정한 자기 모습을 끝없이 재발견하는 것, 이런 것들이 장년기의 인생관에서 조명되어야 할 것 같다.

3. 장년기의 바람직한 불교적 인생관

앞에서 불교적 인생관과 장년기의 세간적 인생관에서 유의해야 할 불교적 관점을 살펴보았고 또 다른 범본의 인생관과도 비교해 보았다.

그러나 여기에서 장년기라 하면 세간에서의 연기(年紀)를 말하며 출가자에 대해 쓰는 용어가 아님을 유의해야 하겠다. 그러므로 이 장년기의 불교적 인생관은 우바새, 우바이에 해당한다고 보아도 무방할 것이며 그렇기 때문에 너무 출세간의 도에 가까운 대응의 해석만도 문제가 생긴다. 왜냐하면 현대는 복잡한 사회 구조와 의식의 전환 속에서 맞고 있는 장년기와 또 앞으로 맞이해야 할 세대의 장년기가 다 같이 가치의 전도라고 할 만한 격변한 시대정신에 대응해야 할 시점에 있으며 이는 초월적 도업(道業)의 세계와도 결코 무관하지 않기 때문이다.

대승의 정신과 보살의 정신이 요익중생(饒益衆生)에 있다면 오늘날과 앞으로 살아가야 할 중생의 사회적 위치가 변모해 가고 있다는 사실을 간과할 수 없기 때문이다.

물론 부처님의 아뇩다라삼먁삼보리는 어느 특정한 시대나 인종에만 맞도록 설파되신 것이 아니며 어느 시대, 어느 장소, 어느 인종에게도 적용될 수 있는 큰 보편의 범주를 지니고 있는 보리이지만 유독 오늘날 한국의 장년기가 맞아야 할 인생관의 문제에서는 주목해야 될 해석의 여지가 많은 듯하다.

청년기에는 하나의 인생관이 정립되면 그것에 따라 연기의 성장도 함께 성숙됨으로 비슷한 시대상(時代相)에서는 큰 사회적 갈등이 있을 수 없는데 도중에 시대상이 변해 가는 한 세대에서는 급격한 격차를 겪을 수밖에 없으며 이는 오늘날 우리의 현실이 반증하고 있다.

이것은 부(父)와 자(子)의 세대차가 아니라 같은 자(子)에서 일어날 정도의 세대 차이다. 종전과 같으면 한 세대를 30년으로 보기 때문에 그런 정도는 세대차라고 부를 수 없는 것이다.

사고의 방법이 변하고 있는데 과연 이것을 사고의 본질과 무관하다고 할 수 있을지 의문이다. 인생관이란 바로 사고의 본질과 무관하지 않기 때문에 서로 세대 간의 인생관에 간극이 생기게 되며 이렇게 되면 근원적인 조화가 어렵게 된다.

장년기의 인생관이 아무리 훌륭히 정립되었다 하더라도 이것이 다음 세대에 영향을 줄 수 없다면 대승(大乘)의 본원(本源)에 맞지 않을 수 있다. 이 점을 어떻게 해석해야 하는가?

여기에서 사회적 문제가 제기되고 이러한 것을 해결해야 할 교육의 문제가 생긴다. 취사선택의 안목과 올바른 가치관을 심어줘야 한다. 인생관이란 본질관이며 가치관임으로 이러한 사고가 하루아침에 이루어질 수는 없다.

과연 오늘날 한국이 아니, 인류가 지녀야 할 바람직한 장년기의 불교적 인생관은 어떠해야 하는가?

개인적으로 내적 세계와 부처님의 혜명(慧命)에 자기의 전 인격을 맞추는 일일 수 있고 사회적으로는 자기의 내적, 외적 세계에 쌓은 것을 어떻게 환원하느냐 어떻게 보답하느냐 하는 점에 초점을 맞추어 볼 수 있을 것이다.

여기에서 혹자는 내적 세계에서 보답할 재산이 많을 수 있고, 또 혹자는 외적 세계에서 보답할 재산이 더 많을 수도 있다 이것은 그의 인생관이 가져온 결과일 수 있으나 문제는 그 결과를 어떻게 환원하느냐에 있는 것이지 그 결과의 호오(好惡)를 예기할 필요는 없다. 세간(世間)의 인생은 사회적으로 해야 할 일이 너무나 복잡하고 많기 때문이다.

「금강경」〈제17분(第十七分)〉에

須菩提 如來所得 阿耨多羅三邈三菩提 於是中 無實無虛 是故如來說一切法 皆是佛法. 須菩堤, 所言一切法者 卽非一切法 是故名一切法 須菩提 譬如人身長大

하셨는데 여기서 여래가 얻은 아뇩다라삼먁삼보리는 무실무허(無實無虛)임으로 일체법(一切法)이 모두 불법이라는 말씀에 유의할 필요가 있다. 어느 것은 불법이고 어느 것은 불법이 아니라고 구별하신 것이 아니라, 일체의 법이 다 불법이라고 하셨으니 세간의 어떤 법이 불법이 아니라고 할 수 있겠는가? 세간의 어떤 일도 다 부처님의 일인데 그렇게 마음을 쓰고 향하면 그를 일러 인신(人身)이 장대한 '큰 사람'이라고 비로소 할 수 있는 것이다.

그렇게 마음을 쓰고 향(向)하라는 표현은 무엇인가? 세간의 어떤 어려운 일도 그것을 회피하지 않고 행하면 부처님이 기뻐하실 일이니 마음은 그렇게 쓰되 그 마음을 향하는 방향은 부처님을 향하고 행(行)한 세간의 그 일 자체를 증(證)하지 말라는 것이다. 이것은 다음의 구절에 곧 이어진다.

佛說一切法 無我無人無衆生無壽者 須菩提, 若菩薩 作是言 我當莊嚴佛土 是不名菩薩

부처님의 설하신 일체법이 아, 인, 중생, 수자가 없다. 만일 보살이 내가 불토를 장엄한다고 말한다면 보살이라고 이름할 수 없다고 하셨다.

보살이라고 이름할 수 없는 일을 할 바에야 어찌 불자라고 할 수 있겠는가. 이는 제1장에서도 언급한 바이므로 사회의 일체의 법을 행하는 자세는 그러해야 한다 하고, 국가적으로는 어떠한가.

혹자는 우리의 교육이념이 시대에 뒤떨어진 홍익인간이라고 비판한다. 그러나 천지에 올라 그 기운을 올바로 느낀 사람이라면 그 이념이 얼마나 위대하고 선견적이고 현실에 절실히 필요한 이념인가를 깨닫게 될 것이다. 홍익인간은 바로 위이익일체중생(爲利益一切衆生)과 요익중생(饒益衆生)의 부처님 뜻과 크게 다르지 않으며 이것이 다 일체법인 것이다.

이것을 오늘날 지구상의 환경문제와 결부시킨다면 진일보(進一步)해서 '홍익생명(弘益生命)'이라고 하는 것이 오히려 바람직할 정도이다. 이것은 동물계만 아니라 식물계에도 해당되는 것이니 그렇지 않고서는 인간 혼자 스스로도 존재할 수 없는 심각한 시점에 이른 것을 다 공인할 것이다. 하물며 이러한 위대한 교육이념을 시대에 맞지 않는다고 표현하는 부끄러운 후손은 누구인가?

인류적으로 표현한다면 장년기에 가장 바람직한 불교적 인생관은 요익중생이라고 표현하고 싶다. 부처님의 혜명이 이 속에 다 있지 않을까.

여기에서의 중생은 인류뿐만 아니라 전 생명체, 내 속에 있는 60조의 세포를 포함해 세포외적(細胞外的) 구류중생(九類衆生)까지 포함될 것이니 내 한 생각이 청정해 밝으면 일체법이 다 밝아질 것이고 은하계의 60배가 되는 나의 전 생명계는 환희용약하고 기뻐할 것이다.

이 내적 충전이 외적으로 현현(顯現)되면 일체법에 유익한 일을 할 수 있을 것이니 정신으로 도움을 줄 수 있는 일은 그러한 일로, 몸과 물질로 도움을 줄 수 있는 일은 그러한 일로 아, 인, 중생, 수자상이 없이 부처님 즐겁게 해 드리는 마음으로 환희심 내어 할 수 있을 것이다. 청년기에서부터 이러한 마음을 연습한다면 세상살이가 그렇게 고통스럽지만은 아닐 것이고 직업에서나 사회적으로도 존중받는 인간이 될 것이다.

여기 하나의 금이 있는데 아직도 다른 잡석과 섞여 있어 순금이 드러나지 못했다고 하자 세상 사람들이 순금이 존귀한 것은 누구나 알고 있다. 문제는 순금이 어떻게 되느냐 하는 것이 문제이지 순금이 된 다음에 어떻게 써야 할까를 걱정하는데 있는 것이 아니다. 아무리 자기 홍보시대가 도래했다고 하나 순금이 된 다음에는 여기 순금이 있다고 선전하지 않아도 세상이 순금을 쓸 용도를 위해서 찾아온다. 순금이 되려는 노력은 적으면서 순금 행세를 하려 든다면 누가 그것을 인정하겠는가?

여기서는 세간의 장년기를 유별(有別)했으나 출가자와 재가자는 마음에 있으니 스님 가운데서도 재가에 못지않게 사회와 국가를 염려한 분이 수없이 많으시니 그것은 나라가 어려울 때 더욱 빛을 발하는 듯하다.

예를 들어 만해 한용운 스님의 님은 부처님이자 곧 나라요, 조국이었으니 그 님에 대한 해석이야 세간의 몫이지만 님을 누구로 정할 것인가 하는 것은 각자의 뜻에 달려 있는 것이다. 일체법이 개시불법(皆是佛法)인데야 세간, 출세간의 구별이 어찌 있을 수 있으며 출가의 구별이 있을 수 있겠는가.

재가자의 진정한 본원은 출가에 있으며 출가자의 궁극적 회향은 재가에 있을 것이다. 그래서 그 님은 부처님이자 중생이요. 국가와 사회이자 전 인류다. 오직 마음이 향한 곳이 밝은 곳이면 그것은 출세간에서 세간의 일을 보는 것이요, 마음이 향한 곳이 어두운 곳이면 아무리 밝은 곳에 있어도 입암(入闇)에 즉무소견(則無所見)인 것이다.

한국 불교에 있어서 어려운 시기에 그 빛을 발한 구세(救世)의 대덕(大德)이 많으시니 서산대사와 사명대사를 비롯해 만해 스님, 총독의 간담을 서늘하게 한 만공 스님, 또 그 스승 되시는 성우 경허 선사께서 만년에 먼 북쪽 강계에서 머리를 기른 훈장으로 아이들을 가르치며 어려운 나라의 장래를 염려했던 일은 출가와 재가, 출세간과 세간이 어떠한 때와 시기를 당해서는 전혀 나누어 질 수 없는 것임을 보여 주는 본보기라 할 것이다. 어려운 때를 당해 그 수행한 역량과 힘이 장년기에 나타났다고 볼지언정 그것은 돌연히 이루어진 것이 아니며 누구나 그 시기에 그러하지 아니할진대 그것은 과연 올바른 인생관이라 할 수 있을까? 어려움을 당해서 사람의 진면목이 나타나는 것인데 어려울 때 써먹을 수 없는 사람의 인생관이란 어떻게 평가되어야 할 것인가? 어려운 때를 능란히 잘 수습해 가는 것도 그 사람의 능력이겠지만 최소한도 어려운 때를 당해 도망가거나 회피하려는 짓은 하지 말아야 할 것이다.

청년기에 어려움을 많이 당해 그것을 수습해 낸 경험이 많은 사람과 어려움 없이 지낸 사람이 장년기의 어려움을 당해 대처해 나가는 것에는 많은 개인차가 있듯이 이 사바에도 어렵고 곤고한 때를 당해 배출해 내는 인물은 따로 있는 것인가? 그렇지 않으면 꼭 같은 순금이 되었을 때, 그 시대의 용도가 그를 그렇게 요구하였던가?

예술이 필요한 때에는 시대를 뛰어넘는 위대한 예술로, 예배의 대상을 넘어 인간정신의 숭고한 정수로, 보는 사람의 영혼을 정화시키는 수많은 문화적 조상(彫像)을 형성시키기도 하였다. 그러한 때 장년기는 정신과 기술이 완숙한 조화를 이루어 만월(滿月)과 같은 상태를 나타내기도 한다. 우리에게는 그러한 한 사례가 석굴암의 본존불이시니 이러한 정신과 기술의 조화된 완숙도는 그 이전과 이후 어디에도 찾아보기 힘든 것이다. 또 일본 국보 1호라 불리우는 광륭사(廣隆寺) 반가사유상(半跏思惟像)의 범본이 되는 우리나라 백제(百濟) 미륵반가사유상(彌勒半跏思惟像)에서도 인간정신의 존엄과 완숙을 볼 수 있는 것이다.

부처님의 상호를 인간의 손으로 조성했기 때문에 그 부처님은 그 조성자의 정신적 완숙도, 정신적 깊이와 높이만큼만 표현될 수 있는 것이요, 또한 표현기술이 그것을 따라가지 못했을 때에는 그 정신적 완숙도도 나타내지 못하는 것이다. 이것을 우리는 정신과 신체, 이상적 세계와 현실의 관계로도 대비해 볼 수 있겠다. 장년기는 과연 이러한 두 세계를 일치시킬 수 있는 시기인가 아닌가 하는 것은 각자에 달려 있다.

장년기의 인생관이라 함은 정신의 세계요 그 자체의 완숙도도 문제이겠지만 그것을 인생에서 구현해 내는 현실적, 신체적, 기술적 완숙도도 한 조상(彫像)의 완성에서처럼 문제가 되는 것이다. 그래서 부처님께서는 방편도 함께 중요시하셨고, 모든 경전 모든 부처님의 장광설을 다 방편설이라 하시면서도 그 모든 방편을 자재(自在)로 하셨기 때문에 어느 방편 하나 중요하지 않은 것이 없는 것이다.

「금강경」〈제6분(第六分)〉에

以是義故 如來常說 汝等比丘 知我說法 如筏喩者 法尙應捨 何況非法

하셨으니 내가 설한 바 법은 뗏목과 같은 것이라 법도 버려야 하거늘 법 아닌 것이랴. 뗏목을 사용해 강을 건넜으면 저 언덕에 가서는 뗏목을 버려야 한다는 말씀은 이미 잘 알려져 있는 경구이다. 그러나 그 뗏목도 튼튼해야 강을 건너지 물살이 센 곳을 헤쳐 나갈 수 없을 정도의 뗏목이라면 곤란한 것이니 장년기에 강을 건넌 사람도 있겠지만 강을 건너야 할 사람은 제 체중과 역량에 맞는 튼튼한 뗏목을 준비해야 할 것이다. 만일 그 뗏목이 튼튼하다면 타고 열심히 저어 가기만 하면 저 언덕에는 언젠가닿을 것이기 때문이다.

언제까지 이 언덕에 남아 있을 수는 없는 것이고 언젠가는 반드시 저 언덕으로 바라밀해야 하는데 힘이 남아 있는 장년기에 건너가지 않으면 노년기에 무슨 여력으로 건널 것인가?

그 뗏목은 부처님의 방편이신 경전과 말씀의 설법이지만 작게는 자기가 그 설법으로 구축한 인생관일 수도 있으니 이것을 부처님께 바쳐서 큰 뗏목에 잘 잡아매 버리기 싫거든 가지고 건너가는데 건너가서는 다 버려야 자유인이 되는 것이니 내 인생관이라 집착할 것이 하나도 없는 것이다.

이것은 니체가 짜라투스트라에서도 말했듯이 인간의 또 다른 진화를 위해서도 필요한 일이며 인간이 더 이상 진화를 거부하고 멈춰 있는 것은 이 벼랑과 저 벼랑 사이의 줄 위에 서서 멈춰 있는 것처럼 위험한 일이며 몰락이 있을 뿐이다. 초월을 위해서는 지상으로 몰락하기보다 저 언덕으로 건너가는 것이 바람직한 첩경일 것이다.

이 세계를 이상복지의 세계로, 불국정토로 바라밀시키려는 불자와 보살의 서원이 어찌 초월을 위한 것이며 이 언덕을 떠나는 데만 있는 것인가? 이 언덕을 저 언덕으로 바꾸는 세계, 내 한 마음속에 바라밀도 초인도 있는 것이니 지상에 발붙인 이 자리 이 시간이 곧 초월의 장소 초월의 시간으로 전환될 수 있는 것이다.

경허선사의 마지막 사행(四行) 계송을 보면

心月孤圓 光呑萬像 光境俱忘 復是何物

마음 달이 홀로 둥글어 그 빛 만상을 삼켰다.
빛과 경계 모두 공한데 다시 이 무슨 물건이랴.

그러나 만공선사의 추모송 경허법사영찬(鏡虛法師影讚)에는

鏡虛本無鏡 惺牛曾非牛 非無處處路 活眼酒與色

거울이 빈 데는 본래 거울이 없고 깨친 소는 일찍이 소가 아닐세.
거울 없고 소 아닌 곳곳에 길이 있어 살아 있는 눈과 흥겨로운 술에 색이로다.

이는 마치 〈십우가(十牛歌)〉에서 도업(道業)을 마친 사람이 시중의 저잣거리로 내려가서 저잣거리의 사람들과 어울려 한바탕 홍취 있는 술을 함께 들며 그들과 더불어 노래하며 노니는 것과 같다.

세간의 일상사와 함께하는 대중이 가장 평범한 범부가, 도업을 완성한 사람의 최종 회귀처(回歸處)였던 것이다.

근기에 따라 파격적 기행이 이러하지는 않았으나 이는 마치 신라시대의 대안(大安)대사나 원효대사의 두타행을 연상시키는 바가 없지 않다.

그러나 여기에 이르기까지 장년의 활용을 위해서 자중은닉하시는 분도 계셨다. 청년기에 독일에서 박사학위를 취득하고 귀국 후 잠시 세간에 회향한 후 금강산에 들어가 도업을 닦으시던 백성욱 박사의 일화를 들어 본다.

금강산에서 수행하고 계시는 중 서울에서 직위가 있는 몇 젊은이가 와서 '제자들에게 책을 읽지 말라고 가르치신다는데 어떻게 된 일이냐.'고 질문하니, '책을 읽기는 읽는데 저 산에 무어라고 쓰여 있는지 알겠느냐.'고 되물으신다. 그들이 대답을 못하니 일러 주신다. '거기 무엇이라고 쓰여 있는고 하니 정력을 낭비하는 자는 빨리 죽느니라. 그것이 바로 활엽수로 여름에 마음껏 기운을 뿜어내다가 가을에 단풍이 들어 죽는 것이다. 만일 내가 침엽수처럼 정력을 낭비하지 않는 자는 오래 사느니라 하는 것이 읽어지면 이 기운은 긍정적인 것이니까 세상에 나가 유익한 일도 좀 하게 될 것이다. 탐, 진, 치 삼독이 다 닦여지지 않은 상태에서 세상에 나가 일을 하기보다는 오히려 그 독을 이 산간에 다 풀고 나가서 일을 하면 좀 유익한 일도 할 것이다.'라고 하셨다고 한다.

그 이후 나라가 해방되고 세간을 위해서도 많은 일을 하셨으니 자기 닦은 분수를 모르고 세간을 위한다는 마음 하나만으로 무슨 일을 하겠는가. 오히려 자기가 다 닦지 못한 삼독만 잔뜩 풀어 놓을 뿐이다. 그러한 중생심이 모인 사회의 조직에는 끝없는 분쟁이 일어난다.

장년기에 할일을 위해서 청년기에 정력을 다 낭비하지 말고 그 기운을 비축해 두는 지혜, 이것을 침엽수에 읽고 행하신 것이다. 성철 스님은 산문에서 세상 밖으로 한 발자국도 안 나오시고도 당신의 밝은 기운을 세상에 나누어 주셨다.

「대방광불(大方廣佛) 화엄경(華嚴經)」〈보현행원품〉에 중생의 업이 다하기 전에는 행함에 지치거나 싫어하는 일이 없기를 발원하는데 그러려면 얼마나 많은 기운을 길러야 할 것인가.

「법화경」에는 〈방편품〉이 많은데 그 가운데 〈화성유품〉이 있다. 세존께서 실상의 목적지에 선근들을 인도하는 도중 지치고 힘들어 도중에 포기하고 돌아가려는 부류를 위해 하나의 성을 만들었으니, 그 성에 들어가면 안락과 휴식을 얻을 수 있게 되었는데 이 성에 있는 동안 진정한 목적지를 잊어버리고 이 성을 목적지로 알고 있는 사람을 위하여 설하신 것이다.

장년기에 도달하여 머무르고 있는 것이 혹시 〈화성유품〉에서 보이는 것처럼 진정한 안주처가 아니라 목적지로 가는 도중의 방편으로 만든 성이 아닌지 그렇다면 진정한 목적지로 갈 힘은 길렀는지 장년기의 불자는 잘 성찰해 볼 일이다.

「금강경」〈일합이상분(一合理相分)〉에 삼천대천세계가 미진중(微塵衆)으로 이루어졌는데 그 티끌들도 실유자(實有者)가 아님으로 즉비

세계(卽非世界)이다. 만일 세계가 실로 있는 것이라면 일합상(一合相)이니 그것도 이름이 그러할 뿐이다. 일합상이라는 것은 불가설이언마는 단 범부인이 그 일에 탐착(貪着)한다고 하였다. 우리가 세계라고 알고 있는 것이 다 제분별이요 범부의 사람이 탐착기사(貪着其事)하는 것이다. 그 누가 노래했던가, 태양 아래 애써 이루어 놓은 모든 일이 다 헛되고 헛되도다 라고. 그러나 허망의 본질을 잘 간파해서 즉견여래하는 것이 이 꿈 같은 생을 꿈꾸는 주인공이해야 할 일이며 이토(泥土)에서도 물들지 않는 본성의 연꽃을 살리는 일이다.

꿈인 줄 알면 탐착하지 않을 것인데 일체법이 개시불법(皆是佛法)이라 꿈도 다 제 마음 가지고 꾸는 것이니 어떻게 꿈꾸는가는 제 마음 닦은 대로일 것이다. 꿈을 제 마음대로 꾸지 못하니 꿈에 시달림을 받고 제 마음 닦은 만큼 고생이 말이 아니다. 꿈을 깨고 나도 제 꼴은 변하지 않으니 꿈에서도 끝없이 부처님을 향해 요익중생(饒益衆生)할 일이다. 원래 다 닦고 나면 꿈이 어디 있는가. 또 몽중일여(夢中一如)가 되려고 해도 얼마나 닦아야 하는가.

청년기에 잘 닦았으면 장년기에는 득성어인(得成於忍)이 되어 한결 수행이 쉬울 것이고 장년기에 잘 닦아도 노년기에 득성어인(得成於忍)이 될 것이다. 꿈꾸는 자에게는 시작과 중간과 끝에 큰 의미가 있을지 모르지만 꿈꾸지 않는 사람에겐 그것이 무슨 큰 의미가 있을 것인가. 깨어 있는 사람에게는 방편도 분별도 필요없을 터인데 미흡한 범부의 분별이 너무 많았던 것은 아닌가? 장년기의 이 모든 분별을 부처님께 바쳐 비우고 아무 분별이 필요없는 원천의 동산으로 돌아가야겠다. 그곳에는 모든 것이 저절로 함께 어우러져 끝없는 조화를 이루고 있기 때문이다.

Ⅲ. 맺음말

'장년기의 불교적 인생관'이란 주제를 가지고 여러 가지 측면에서 논지했다. 비록 논문의 형식을 취하기는 하였으나 이 주제 자체는 논문의 성격을 지니기보다는 인생을 달관한 이의 수상에 가까운 글이 훨씬 자연스러울 것 같기도 하였다. 인생관이란 자체는 논의의 대상이 되기보다는 성찰의 대상이 되겠기 때문이다. 따라서 전자보다는 후자에 초점을 맞추었고 경전을 인용하고 사례와 범본을 들기는 하였으나 그것도 성찰을 위한 방편으로 하였다.

그리고 다분히 주관적이고 상대적인 성향일 수밖에 없는 인생관을 어느 정도 객관화하기 위해서는 전체적인 통찰과 함께 부분적인 여러 측면의 조명이 함께 필요함을 글을 써 나가면서 느끼게 되었다. 그래서 제1장 불교와 장년기의 인생관에서는 불교의 인생관이라 할 수 있는 시원(始源)에서부터 논구(論究)하였으며 부처님의 출가 동기와 시기, 성도 후 설법하신 경전의 내용과 우리 인생의 연대기를 대비해서 논의해 보았다. 물론 여기에서도 우리가 성찰해야 할 점들을 들었다.

그중에서도 장년기에 해당되는 경전부를 반야부로 보고 금강반야바라밀(金剛般若波羅蜜)을 위주로 우리 장년기의 인생관을 성찰하였다. 장년기에 흔히 범하기 쉬운 사고와 과오, 지양되어야 할 인생관을 논하였는데 그것은 금강경에서 강조되고 있는 바 사상(四相)을 여읜 마음과 행위이다. 장년기를 보시바라밀의 여건이 갖추어진 시기로 본다면 그것이 물질이거나 정신이거나간에 상을 내지 않고 베풀 수 있는 마음의 자세를 강조하였다. 그리고 밝은 지혜의 인생관이 어떤 것인지 금강경을 통해 성찰하였다.

제2장은 장년기의 여타 인생관과 범본을 들었는데 여기에는 공자의 인생여정에 대한 연기(年紀)의 성찰을 들고 사십의 불혹, 오십의 지천명, 육십의 이순과 불교적 해석을 논구하였다. 또 기독교적 해석과 노자 및 여타의 관(觀)을 살펴보았다.

제3장 장년기의 바람직한 불교적 인생관에서는 우선 세간의 장년기를 위주로 시대의식의 고찰을 하고 내적, 외적 세계에서의 사회 환원을 위주로 요익중생의 개념을 도출하여 그것을 홍익인간과 비교하였다. 그리고 일체법이 개시불법이고 또 일체법에 무아(無我)인 불교적 인생관을 엿보았다. 또 출세간의 대덕 몇 분을 들어 어려운 시기에 보여 준 범본의 행과 그 본질관을 살펴보았다. 인생관이란 본질관과 가치관에서 떠나 있지 않고 또 인생관이란 그것을 실행해야 할 현실과 떨어질 수 없음으로 현실을 바로 보는 눈과 해석과 실천이 다함께 조화를 이루어야 하겠기 때문이다.

이상 장년기의 불교적 인생관을 살펴보았으나 이것은 전후의 다른 기(期)와 독립해서 존재할 수도 없는 것이므로 서로의 연대관계를 더불어 조명하였다.

이 인생관의 실행으로는 이미 육바라밀이나 팔정도와 같은 좋은 지침이 주어져 있음으로 그것을 굳이 어느 기의 실행덕목으로 꼽을 필요는 없을 것이다.

종교란 인간정신이 도달한 최고의 문화형태로 사회적 어떤 규범이나 윤리도덕을 포함하면서도 그 이상의 세계에 존재하기 때문이다. 생(生) 속에 있으면서도 사(死)까지 포함한다.

부처님이 보여 주시고 인도하신 최종의 목적지가 어디인가를 잘 보아 자기 분별을 끊임없이 바치고 비워 청정한 가운데 부처님을 기쁘게 해 드린다는 그 정신과 마음의 자세 속에 무아(無我)가 되어 요익중생(饒益衆生)의 발원을 한다면 어느 시기, 어느 처소에 임한 관도, 행도 밝을 수 있을 것이다.

금강경의 요의와 수행

–1991년 교불련 논집 3

Ⅰ. 머리말

세존께서 큰깨달음(大覺)을 이루고 나셔서 중생을 깨우쳐 주시기 위해서 원래 각자가 가지고 있는 보물을 어떻게 발견하고 그것을 활용해서 자신과 주위가 밝고 풍요해질 수 있도록 하려면 어떻게 해야 되는가를 일러 주신 말씀이 많으시지만 그중에 「금강경」은 어떤 위치와 뜻을 갖고 있고 그 밝음의 내용과 수행은 어떤 것인가를 찾아보려 한다.

세존께서 말씀하신 것이 그 시간과 장소와 모인 대중의 근기에 따라 다르시고 또 청중이 순숙해진 정도에 따라 여러 방편으로 말씀하셨지만 말씀하신 바 없다 하셨고 들은 중생이 없다 하셨고 법이 있지 아니함으로 수기를 받으시고 아뇩다라삼먁삼보리를 얻었다고 하셨으니 그 이름이 그저 그러할 뿐이라고 하셨다. 우리가 불법 불법하지만 「금강경」에 "불법자는 즉비불법(佛法者 卽非佛法)"이라고까지 하셨으니 얼마나 제 궁리와 생각과 지견(知見)에 떨어지는 것을 경계하셨든가?

세상에 종교가 많지마는 스스로를 벗어 던지는 이러한 말씀을 자신 있게 할 수 있는 종교가 얼마나 있겠는가?

그래서 그 말씀은 있는 그대로를 말씀하신 것이며 여어자(如語者), 실어자(實語者), 불이어자(不異語者)라고 하셔서 언어의 표현이 갖고 있는 한계와 참된 모습의 실체에 일치되지 않음이 없도록 여러 말씀으로 반복해 깨우쳐 주고 계시는 것이다.

「금강경」은 세존께서 49년 동안 설법하신 가운데 21년의 비중을 두셔서 말씀하신 중후반부의 600부 반야부에서도 눈박힌 곳이며 거의 세수 70세를 넘기신 순숙하신 때의 말씀이시니 아마 그때 듣고 있던 제자나 청중의 근기도 보통 상승(上乘)이 아니셨을 것이다. 「금강경」 자체가 갖고 있는 말씀의 기운이 워낙 밝아서 "이 경이 있는 곳은 부처님이 계시거나 그 존중제자가 있는 것과 같다(若是經典所在之處 則爲有佛 若尊重弟子)."라고까지 하셨다.

그래서 계법말세에 만나기 어려운 이 「금강경」을 접하는 인연을 "한 부처님이나 두 부처님이 아니라 삼사오불에 선근을 심은 인연(不於一佛二佛三四五佛而種善根)"이라 하고 또 "이 경의 뜻이 불가사의해서 과보도 불가사의한데 어떤 사람은 말세에 이 경의 말씀을 듣고 여우와 같은 의심을 낼 것(狐疑不信)"이라고까지 하셨던 것이다.

"오직 마음의 본바탕을 밝혀서 덧없는 유위(有爲)의 세상을 이렇게 보면(應作如是觀) 흔들림이나 움직임이 없으리라(如如不動)." 하셨는데 선가(禪家)에서 모든 경전을 마음 닦는 방편으로 보아 소중히 하지 않으면서도 이 「금강경」만은 소의경전으로 중시하는 것은 반드시 이 경에서 6조대사가 출현하신 연고만은 아닐 것이다. 머무를 바 없이 마음을 내어 자재롭게 활용하기 전에 마음을 어떻게 항복받으며 마음을 어떻게 머무르는가의 문제를 가장 중요하게 다루고 있기 때문이다.

이제 「금강경」의 눈박힌 곳을 한 수행의 법과 함께 찾아보기로 한다.

Ⅱ. 수행으로 본 경의 요의

금강경의 4구계를 들라면 범소유상 개시허망 약견제상비상 즉견여래(凡所有相 皆是虛妄 若見諸相非相 則見如來)가 아니면 〈제32분〉의 응작여시관(應作如是觀)의 4구계를 든다.

그러나 불법이 마음을 항복받는 것을 가장 큰 수행과제로 한다면 여기에 선행되는 부분이 소명태자(昭明太子)가 유별한 〈32분 중의 대승정종분(大乘定宗分) 제3분〉이 될 것이다.

「금강경」이 대승경전이라면 그중의 정종(正宗)이 수보리존자가 질문한 마음을 항복받는데 대한 세존의 대답이신 것이다.

그 마음을 항복받는데 대한 경구는 생략한다.

여기서 구류중생은 현상계의 외양에 존재하는 것이지만 이것이 생성된 원인이 그러한 마음이므로 이러한 마음을 제도해 밝히면 그러한 중생은 원래의 마음속에 없었던 것임으로 제도받은 대상도 제도한 주체도 없다는 것이다. 그래서 아(我), 인(人), 중생(衆生),

수자(壽者)의 4상(四相)을 떠난 상태가 아니면 보살이 아니라고 하신 것이다.

이것을 백성욱 박사님은 마음의 모든 분별과 궁리를 부처님께 바치라는 법으로 간명하게 표현하셨다. 「금강경」의 마음 닦는 수행과 대승정종분과 바치는 법은 같은 맥락을 갖고 있다. 실천궁행의 방법이 어렵고 먼 것만이 아니라는 것을 이 방법을 통해 마음이 제도되고 밝아지면 터득할 수 있다.

외부 현상의 원인을 짓는 내부의 근본 마음이 밝아지면 세상의 원초를 보는 눈이 개안(開眼)되어 달라진다.

우리가 소위 지식이라 일컫는 모든 후험적(a posteriori) 집적들이 실상을 직시하지 못하는 장애가 되고 한계의 틀이 될 때 근원적으로 우리가 잘못되었다고 성찰(省察)함으로써 선험(a priori)으로 통찰하는 일이 실상을 바로 보는 방법일 것이고 자기의 궁리와 분별을 여래의 광명에 바쳐서 제도됨으로 생긴 지혜를 백성욱 박사님은 종합적 즉각(卽覺)이라고 표현하셨다.

그것은 우리가 사량할 수 없는 새로운 세계의 창출과 같은 것인데 그 비유를 5와 7을 합하면 전혀 5와 7과는 관계없는 새로운 12의 세계가 탄생함과 같고 그러한 세계는 분석을 필요로 하지 않는다고 하셨다. 분석으로는 그러한 세계는 창출되지 않기 때문이다. 나라고 하는 아상(我相)의 틀과 집착의 굴레를 벗어 버리면 자기 생각의 틀에서 이탈할 수 있다. 그것이 원초의 생각이 되려면 우선 자기의 모든 분별의 지식과 지견(知見)을 바쳐서 자기의 한계를 벗어나 밝아져야 한다.

마음을 항복받는 일 다음에 「금강경」 〈묘행무주분(妙行無主分) 제4분〉은 마음의 머무름에 대한 응답이신데 상에 주하지 아니한 무주상(無主相) 보시바라밀로 표현하셨고 마음을 밝히는데 이 제일바라밀을 실천덕목의 으뜸으로 잡으셨다. 지혜는 그것만으로 의미가 있는 것이 아니라 복 짓는 마음과 쌍수가 되어야 하고 또 그럼으로써 살아 있는 지혜가 될 것임으로 보시바라밀의 공덕을 드셨고 그것이 조건이 없는 무주상이 되어야 한다고 하신 것이다.

어디에도 머무를 바 없는 무집착의 마음이야말로 최상의 자유로운 마음이며 그 마음의 본체에 가장 평안함을 주는 밝은 마음일 것이다.

〈제4분〉의 무주상보시도 바치는 법과 맥락을 연결해 보면 한결 수행하기가 좋다. 즉 그 행위를 부처님께 바쳐 자기 속에 남기지 말 것이며 자기가 했다는 마음을 부처님 시봉하기 위해서 했다는 마음으로 바치면 좋을 것이다.

자기가 했다는 마음이 남아 있으면 자칫 아(我), 인(人), 중생(衆生), 수자(壽者)의 사상이 되고 거기에 소응되는 결과가 없을 때 원망하는 마음이나 진심이 생기기 쉽다. 그러한 것은 묘행(妙行)이 못되어서 마음공부하는 데는 도움이 안 되는 것이다.

〈제5분〉도 약견제상비상(若見諸相非相)이 "만일 모든 상을 상 아니로 볼 것 같으면"인데 네가 네 머릿속으로 상(相)이라고 본 것은 모두 상이 아니므로 네 머릿속에서 지은 분별상(分別相) 전도망상을 다 바치고 나면 즉견여래(則見如來) 즉, "여래의 광명을 볼 수 있는 것이다."라고 할 수 있을 것이다. 물론 범소유상개시허망이란 모든 유위상(有爲相)을 지칭하는 전제가 있지마는 영원한 것이라고는 하나도 없는 유위세계의 모든 상을 바로 보는 여리실견(如理實見)의 눈을 뜨게 하고 유지하게 하는데도 바치는 법의 수행은 좋은 것이다.

〈장엄정토분(莊嚴淨土分) 제10분〉에서 그 마음이 맑고 깨끗해 색성향미촉법에 주하지 않고 머무름 없이 그 마음을 자유롭고 활달하게 활용하는 장면에서도 바치는 법을 쓰면 수행이 간명하다. 그러지 않고 머무를 바 없이 마음을 발하는 것은 대근기(大根氣)가 아니고서는 실로 어려운 것이다.

우선 그 전제가 되는 것이 한마음이 깨끗해진 청정심이니 바치지 않고서는 염착되기 쉬운 세상의 일을 하면서 청정심을 유지하기 힘들 것이다.

그것은 〈이상적멸분(離相寂滅分) 제14분〉에 "신심이 청정하여 즉생실상(則生實相)하면 당지시인(當知是人)은 성취제일희유공덕(成就第一希有功德)"이라 했는데 물론 여기서 청정(淸淨)은 「금강경」을 얻어 듣고 신심이 청정해진 것을 말하지만 바쳐서 그 마음이 깨끗이 비어 있으면 이상적멸의 청정이며 그러면 곧 실상(實相)의 세계를 만나고 생명 원래의 빛과 광명을 회복해 가져 자연히 희유공덕을 성취하는 결과가 될 것이다. 물론 이 실상은 무위(無爲)의 참 실상임으로 상(相)이라 할 것도 없는 이름이 실상인 것이다.

그러나 생명의 실상은 빛이며 광명이 진면목(眞面目)이며 한마음을 바쳐서 청정한 이 실상세계를 접하기만 하면 세상에서 성취하는 모든 공덕은 부수적인 것이며 자연히 오는 것이며 당연히 오는 것일 뿐인 것이다.

〈불수불탐분(不受不貪分) 제28분〉에 "보살의 소작복덕(所作福德)을 불응탐착(不應貪着)일세 시고(是故)로 설불수복덕(說不受福德)에서도 그 마음을 바쳐 공덕이나 복덕에 대해서도 불응탐착이 되어야 할 것이다.

참으로 나라고 하는 것을 다 바쳐 없는 것인 줄 안다면 진시보살(眞是菩薩)이라 할 수 있는데 구경무아분(究竟無我分) 제17분에 "통달무아법자(通達無我法者)인데는 여래설명진시보살(如來說名眞是菩薩)"이라 하신 것이 이 말씀이다.

Ⅲ. 바치는 법

「금강경」의 마음을 항복받는 일과 머무르는 일에 백성욱 박사님의 바치는 법을 연류시켜 몇 가지를 주석하였다.

그러면 바치는 법은 어떤 것인가?

바치는 법은 단적으로 말하면 원래 빛과 광명의 속성을 지닌 생명 즉 중생이 광명이 아닌 모든 것을 부처님께 바쳐서 여래의 밝음에 해탈됨으로써 미망의 어둠에서 벗어나 광명 자체로 돌아가라는 것이다.

물론 이러한 광명은 상대적인 것이 아닌 여래의 밝음 그 자체이므로 제 생각으로 분별하는 그런 광명이 아닌 것이다.

생명의 속성이 빛이라면 아상(我相)의 자기 생각에 뿌리를 두고 있는 사상(四相)과 법상(法相) 아집과 국집의 껍질과 한계 속에 숨어 있는 마음들을 바쳐서 깨끗이 비우지 않고는 다시 빛이 들어갈 틈도 자리도 없음으로 빛의 속성을 회복해 가질 수가 없을 것이다.

빛은 이것저것으로 꽉 차 있는 곳에는 머무를 수 없으며 투명하거나 아무것도 없는 곳에만 머무를 수 있다. 내 생각의 광속에 많은 것을 잔뜩 쌓아 놓고서야 어떻게 빛을 받아들일 수가 있겠는가.

우리는 누구와 대화를 할 때 자기가 지니고 있는 여러 어둠의 잔해와 독소를 무절제하게 늘어놓음으로써 공해를 일으키는 사람을 본다. 본인으로서는 그것으로 시원해질지 모르나 그러한 방법이 잘못되면 주위를 어둡게 하며 그 기운은 오염으로 남는다. 안 그래도 공해가 심한 오늘날 이러한 방법으로 토설을 하는 것은 문제의 근본해결이 되지 못할 뿐 아니라 독소의 잔해만 남기기 쉽다. 파사현정(破邪顯正)의 행위는 이런 것이 아니다.

공해를 일으키지 않고 스스로를 정화시킬 수 있는 가장 좋은 방법의 하나가 바치는 법인데 이것을 「금강경」 독송과 병행해서 수행하면 더욱 상승의 효과가 있다. 이 법이 숙련되면 자기만을 정화시키는 것이 아니라 주위를 다 밝게 할 수 있으며 자기와 인연 닿는 중생 내지 그 이상을 다 밝게 고양시킬 수 있다. 이 길을 가면서도 이 길을 가고 오는 모든 사람이 다 밝아지기를 발원하면서 부처님께 바치고 버스나 전철을 타면 버스나 전철을 탄 모든 사람이 다 밝아지기를 발원해 바치고 어느 처소 어느 장소에서도 그 마음을 연습할 수 있다. 고속도로를 달리면서 눈에 보이는 마음을 향해서도 그 마음을 연습할 수 있고 비행기를 타고 가면서 공중과 지상과 수중에 있는 모든 생명체가 다 밝아지기를 발원하며 그 마음을 바칠 수 있다.

기차를 타고 가면서는 이 기차를 제작하고 운행하고 이용하는 모든 사람이 다 밝아져 부처님 시봉 잘 하기를 발원해서 바칠 수 있다. 음식을 들기 전에는 이 음식에 관련된 모든 사람이 다 밝아지기를 발원해서 바치며 몸이 아플 때는 이러한 부위가 아픈 모든 중생이 다 이 고통에서 해탈해서 밝아지기를 발원하며 바치는 것이다.

이것은 내가 아프면서도 동시에 모든 사람이 아픔에서 해탈해 밝아지기를 발원해서 바칠 수 있음으로 반드시 내가 정화되고 밝아 있는 순간에만 할 수 있는 것은 아니다. 아픔으로써 더 여실히 바칠 수 있으며 고통스러울 때 더 많이 바칠 수 있으나 이것이 점점 습관이 되면 이러한 어둡고 어려운 증세 자체가 없어짐으로 환희심만으로 바치게 되는 것이다.

어두운 기운이 축적해서 폭발하는 것이 어떤 형태의 재앙인데 전쟁, 천재지변 등 지상의 모든 재앙이 소멸되고 전 중생의 마음이 밝아져 사바정토를 실행하는데 부처님 시봉 잘하기를 끝없이 발원하는 것이다.

그런데 대저 그 마음이나 생각을 바친다면 바치는 대상이 있어야 할 텐데 이 바치는 법을 일러 주신 백성욱 박사님은 "미륵존여래불 해라." 하고 간명하게 일러 주셨던 것이다.

왜 세존의 마음을 가장 잘 밝히신 「금강경」을 읽으면서 미륵존여래불을 하라고 하셨는가. 그것은 바쳐 보면 스스로 알게 될 것이라고 하셨다.

당대의 세존이셨던 석가모니부처님께서 이제 오실 부처님으로 수기를 주셨던 미륵존여래불께 한 마음을 바쳐서 어둠을 해탈하고, 밝아진다는 것은 시대의 변천과 오늘의 상황에서는 당연한 것이며 이상할 것이 하나도 없다.

부처님의 아뇩다라삼먁삼보리는 다를 것이 없지만 그 시대와 환경과 인류에 따라서는 그 맡으신 바 소임이 다를 수 있는 것이며 또 다를 수밖에 없을 것이다.

이제 올 시대의 인류와 환경은 거금 삼천 년 전의 시대상황과는 많이 다른 것이며 세존께서는 이미 이것을 아시고 당래불께 수기와 소임을 주셨던 것이다. 그런데 「금강경」에서도 이미 말씀하셨듯이 오늘날의 믿음(正信)은 얼마나 희유(希有)한 것인가. 여래의 밝음에 계합하는 일을 이루어 열반에 들기란 제상(諸相)을 비상(非相)으로 보아 즉견여래(則見如來)하기란 선근을 심어 믿음을 갖는다고는 하나 얼마나 희유한 것일까.

6도(度)를 닦아 부처님 전에 복을 짓고 혜를 닦는 일이 「금강경」 독송과 부처님을 향해서 한마음을 바치지 않고서는 오늘날의 상황에서는 참으로 어려운 일이 아닐까 한다.

Ⅳ. 맺음말

물론 종교를 현대사회에 맞춰서 여러 문제들을 성찰하고 풀이

할 수도 있으며 사회학, 윤리학, 심리학, 교육학, 경제학과 현대의 제 과학에 맞추어 조명하고 연구해야 될 여러 과제들이 많다.

그러나 불교의 근간인 마음의 수행을 바탕으로 하여 이러한 보조 학문이나 제 문제가 응용으로 활용될 수 있어야 되지 않을까 생각한다.

현실이 급박하다 하여 원초를 떠나 그 많은 문제를 다 해결하려 드는 구체적 해결사로서의 소임보다 물론 그러한 측면의 과업도 중요하지만 본래의 면목을 더욱 절실하고 충분하게 수행하고 체득해서 응용력을 넓힘으로써 응무소주 이생기심(應無所住 而生其心)의 적극성을 발휘할 수 있을 것으로 본다.

금강경에 "일체법(一切法)이 개시불법(皆是佛法)"이라 했으니 세상의 모든 일이 불법 아닌 것이 없으며 보살은 일체의 중생을 이익 되게 하기 위해서 보시한다 하였으니 일체의 중생의 일에 연루되지 않는 제일바라밀은 없는 것이다.

그러나 대승경전인 금강경에 소승사과의 수행결과를 표현한 것이 있으니 마지막의 아라한과는 무쟁삼매(無諍三昧)의 내적 다툼이 없는 사마티의 경계며 시락아란나행(是樂阿蘭那行)이니 역시 분주함이 없고 갈등이 없는 세계의 즐거움을 말씀하신 것이라 이제 올 세계는 내적으로 그러함과 같이 외적으로도 갈등과 다툼이 없는 복지의 정토가 되어야 할 것이다.

또한 법이 있음이 없어 아뇩다라삼먁삼보리를 얻고 상(相)을 여읨으로써 밝음을 증득했는데 그렇다고 근본이 없다는 단멸상(斷滅相)을 지을까 경계하셨으니 끊을 것도 없앨 것도 없는 무단무

멸(無斷無滅)의 말씀으로 세간과 출세간의 근본과 나타난 상을 함께 소홀히 하지 않도록 또한 주의를 주시고 계신 것이다. 보살이 그 지은 바 복덕에 탐착하지 않으니 보살은 일체법에 자기가 없는 줄을 알아서(知一切法無我) 득성어인(得成於忍)이 되면 비로소 보살의 과위에 있다고 할 것이며 그러므로 그 일체의 복덕은 중생에게 회향되어 있는지라 보살지의 복덕과 지혜가 바로 중생의 복덕과 지혜가 되는 것이다.

그러므로 도업(道業)에 정진하는 밝은이가 많이 출현하는 것은 한 개인의 문제가 아니라 전 중생의 요익(饒益)에 관계되는 문제이며 소승 대승을 떠나 이제 올 사회와 세계 속의 근원적 힘이 될 것을 믿는다.

금강경과 문화예술

–2013년 10월 16일, 2회, 현대불교

1. 머리말

인류 문화가 진화한 이래 최상의 지혜경전이라는 금강경과 오늘의 문화예술을 접목해 그 상관관계를 살펴보는 일은 가장 바람직한 일이면서도 지난한 일이기도 하다.

거금 2500년 전의 인도문화에서 지역과 시대를 초월한 깨달음을 얻으신 부처님께서 우리에게 제시해 주신 가장 근원적 밝음의 지혜를 오늘의 시대에 비추어 문화적 현상과 예술의 세계에서 조명해 본다는 것은 이 시대를 성찰하고 미래의 바람직한 문화적 모형을 위해서도 의미 있고 값있는 일이 될 것이다.

금강경은 제행무상, 제법무아, 열반적정의 삼법인을 내포하면서도 무위세계의 본질을 드러내 보이신 최상의 반야지혜의 말씀이시고 오늘의 문화예술은 인류가 발전시킨 유위세계의 모든 기술과 생활과 정신의 총화라고 할 수 있을 것이며 그것은 유위를 넘어 무위세계에 근접해 가려는 양상을 보이기도 한다.

인류의 문화와 문명은 어디까지 발전할 것이며 그 바람직한 지향점은 무엇이며 예술은 그것을 어떻게 표현하고 창출해 나갈 것인가? 이것은 오늘을 사는 인류의 대명제가 아닐 수 없다. 금강경의 지혜와 함께 이 명제를 비추어 보겠다.

2. 개관

금강경은 세존께서 깨달으신 후 설하신 아함, 방등, 반야, 법화, 열반의 방대한 경전의 말씀 중 그 밝기가 정오에 해당하는 가운데 위치하고 있으며 이 경으로부터 모든 부처님이 출현하신다고 말씀하신 반야부 600부 중에서도 눈 박힌 경전이다.

한마음을 항복받고 머뭄 없이 베풀어 반야지혜를 정득하고 요익중생하는 대승의 보살심을 위한 경이며 멸도된 자리에 나라고 하는 한 생각이 사라진 뒤는 원래부터 멸도되어 있던 것이기에 중생도 범부도 원래 없었던 것이라고 말씀하셨다.

이 지혜는 얻는 것이 아니고 (無有可得) 원래 있었던 것이나 아상의 사량분별에 가리워 스스로 중생의 한계 속에 있음으로 중생이라고 하더라도 彼非衆生(중생이 아니며) 非不衆生(중생 아님도 아님)이라고 하셨다.

금강경 사구게의 마지막에 유위법의 세계를 환영과 순간의 세계로 표현하시고 참다운 본원의 세계에 깨어 있도록 응작여시관(應作如是觀)하신 말씀은 오늘날의 잡다한 문화생활에서도 흔들림 없이 보살심을 유지하는 지침이 될 수 있다.

진보된 문명의 견지에서 보는 우리는 홀로그램(Hologram)의 3차원 세계에 살고 있으며 시간과 공간이란 규범 속에 갇혀 있다.

문명의 속도가 빨라지면서 우리는 다차원의 세계가 있음을 알게 되었고 시간과 공간이 절대적인 개념이 아님을 알게 되었다. 아인슈타인의 상대성원리뿐만 아니라 광속계를 떠나 타키온으로 구성된 초광속계가 있으며 다중우주 속에 존재하는 또 다른 자아까지 유추하게 되었다.

거금 2500년 전에 부처님께서 깨달으신 바가 앞으로 우리가 더 도달해야 할 문명과 문화의 본질과 맞닿아 있는 것이다. 5안으로 실상을 통투하시는 여래의 세계는 시간과 공간의 개념이 무너져 없다. 과거, 현재, 미래 삼세의 마음도 불가득이며 삼천 대천세계를 구성하는 미진과 일합상의 관계도 범부의 사량과 다르시다.

문명담론에서 주첸즈는 그의 문화철학에서 문명의 발전 과정을 종교, 철학, 과학, 예술의 단계로 나누고 이 각 단계는 다시 다른 3단계의 분화로 비추어 볼 수 있도록 하였다. 예를 들면 종교의 입장에서는 종교적 철학, 종교적 과학, 종교적 예술이 되겠고 예술의 관점에서는 예술적 종교, 예술적 철학, 예술적 과학으로 비추어 볼 수 있다는 것이다.

그렇다면 문화의 최종 단계인 예술의 측면에서 보면 종교 철학 과학이 예술의 관점에서 조명될 수 있으며 이것은 종교철학을 바탕으로 한 예술의 개화가 역으로 예술의 관점에서 종교철학을 비추어 볼 수 있는 오늘날의 문화해석이 될 수 있는 것이다.

이것은 과학과의 관계에서 더욱 중요시되는 것으로써 과학은 예술을 만남으로써 그 가치 의미를 심화시키며 예술이 테크놀로지(Technology)를 도입함으로써 그 표현 방법을 고양시킬 수 있는 상호관계를 지닌다.

마찬가지로 예술과 철학은 원초적 관계를 지니는 것으로 미학(Aesthetic)과 예술학(kunstwissenschaft)은 철학에 근거를 두고 있는 학문이며 이것이야말로 예술적 철학이라 할 수 있겠다.

우리는 종교적 예술로서 인도에서부터 중국, 한국, 일본과 미얀마, 태국, 캄보디아, 족자카르타 등 동남아 각국과 지역에 이르기까지 방대한 문화유산을 볼 수 있으며 인류 문화 유산으로 등재된 수많은 유형 무형의 문화적 족적을 만나는 것이다.

이는 서구에서도 문화의 발전상에 따른 신전과 성당의 예술적 장엄을 볼 수 있으며 이 극치는 오히려 예술적 종교의 면모를 보이기도 한다.

인간정신을 고양시킨 얼마나 많은 예술적 공헌이 과거의 종교를 통해서 현현되었던가 그러나 오늘의 시점에서는 서로의 종속관계는 지양되고 문화로서의 종교와 예술은 인간정신의 위대한 발로로써 각 소임을 다하고 있다고 봐야 할 것이다.

3. 금강경의 각분에 비추어 본 문화예술

1) 법회인유분의 기원정사와 탁발

기원정사는 기수급고독원의 약칭인데 기타태자의 땅을 급고독

장자가 지극한 발원으로 금을 탕진하면서 사들인 숲속에 건립한 정사로 지금도 벽돌로 된 법당과 정사의 유적이 남아 있고 이곳에서 금강경을 설하신 성지이기도 하다.

당시 코살라국의 수도였던 사위성은 문화적으로도 풍요로운 격조를 지녔던 듯한데 일설에는 스라바스티(Sravasti)성에서 음사한 실라벌이 신라의 서라벌이 되고 오늘의 서울의 어원인 셔블이라고 하는데 일고를 요한다.

지금은 숲으로 덮여 있지만 세존께서 천이백오십 인의 비구와 함께 이 사위성으로 들어가셔서 공양을 비시는 정경을 상상해 볼 수 있다. 질서 정연한 행열의 선두에 서셔서 준칙을 세워 차례로 밥을 빌으시고 기원정사로 돌아오시는 모습은 오늘날 태국이나 미얀마에서 행하고 있는 장엄한 행열로 연상할 수 있다. 대중에게 복을 짓게 하고 복을 지을 수 있는 계기와 장소를 마련한다는 의미가 있는데 우리나라에서는 이 탁발이 금지되었다.

2) 대승정종분의 항복기심과 구류중생

금강경의 요체인 3분의 항복기심과 구류중생은 여러 해석의 여지가 있으나 오늘날 실제적 수행의 요체로 삼으신 백성욱 박사님은 각자의 마음속에 구류중생의 씨앗이 될 수 있는 마음이 있음으로 이 마음을 정화하여 멸도하는 것을 일차적 항복기심으로 보셨다. 그러면 자연 바깥으로 일어난 증상도 사라질 것인데 이것은 오늘날 임상심리학에서 자가 치료를 하듯 구류중생의 마음에 근접하고 있는 자기 내부의 심적상태를 정화할 것을 강조하신 것이다.

구류중생의 문화적 해석은 태, 란, 습, 화의 생물적 해석 외에도 유색, 무색, 유상, 무상, 비유상 비무상의 방대한 해석이 있는데 질료와 형상의 세계에 살고 있는 우리가 한계 속의 사고를 비추어 볼 수 있음으로 이것의 자세한 내용은 필자의 저서 「오늘의 금강경」을 소개하며 유색, 무색부터 요약 인용한다.

물질화되어 있는 유색은 우리가 볼 수 있는 것이지만 무색은 형상이 없으니까 볼 수가 없는데 여기까지도 부처님은 중생이라고 보셨다.

사트바의 종류가 이렇게 광대한데 이 존재하는 모든 것이 불성을 지니고 있는 생명존재라고 할 수 있다. 약 무색에 들어가서는 우리가 무색계 천상에도 무색계가 있으니까 보이지 않는 공간에 있는 보이지 않는 생명을 유추할 수 있다. 여기까지 범주로 보면 우리는 태생이고 유색이다. 몸뚱이가 물질화돼 있는 속에 지금 우리가 있으니까. 그러나 물질이다 아니다 하는 분별도 멸도되어야 할 대상일 뿐이다.

생각이 있기도 하고 생각이 없기도 한 중생(有想, 無想)에 대해서는 해석이 어려운데 생각이 있다고 하면 우리 생명체가 당연히 유상인데 생각이 없다 하면 주체적으로는 그럴 수 있지만 생각 여부를 중생에다 집어넣으면 광범위한 범주가 된다.

그러나 개유불성이라고 하는 입장에서 본다면 생각이 없다고 하는 그 속에도 생각이 있다고 볼 수 있다. 그래서 바위 책상 이런 것도 불성이 있느냐 하는 문제가 대두되는데 이 해석을 현대

문명에 비추어 살펴본다.

무상이라고 하는 개념은 발달된 현대물리학에서 강입자 이론이 있는데 어떤 물체 속에 있는 입자가 불규칙적인 운동을 하고 있으면서 서로 부딪치지 않으니 이것을 어떻게 해석해야 되느냐 어떤 의식을 가지고 있어서 서로 운동을 하며 교신한다고 보아야 하느냐 마음의 입자라고 할 수도 없고 뭐라고 해야 되느냐 여기까지 문제가 대두되었다.(Carpra, The tao of physics)

그러나 한때 라이프니츠는 모나드(monad)라는 마음의 입자 비슷한 단자론을 내세운 적이 있다. 물론 이것은 가설이 되었지만 앞으로 더 발전된 이설이 나올지 두고 볼 일이다.

생각 있는 것도 아니고 생각 없는 것도 아닌 중생(非有想 非無想), 이것도 제 마음속에서 보면 생각이 있을 때도 있고 없을 때도 있지만 실재의 세계로 보면 해석이 다르다.

여기까기 가게 되면 범주가 넓어 인간만을 위해서 설한 종교에서 보면 문제가 생기는데 작은 범주로 보면 태생류의 인간만이 인간 외에 다른 것을 거느리는 존재가 되고 그렇게 생각하면 인간만이 자기 위주로 살기에는 좋다. 그러나 오늘날 우리 환경의 모습을 보면 성찰할 점이 많다. 인간이 사육한 동물과 환경 훼손의 재앙. 이것은 인간 위주의 문화가 가져다 준 재앙이다.

이런 전체의 행위의 존재로 봤을 때는 부처님 말씀하시는 일체 중생지류를 아홉 가지로 나눈 여기에는 깊은 뜻이 있다. 필자가 생각할 때는 우주적 생명까지도 다 여기에 포함되지 않을까 한다. 앞으로 우리는 지구에 있는 생명만 생각하는 시야에서 더 문화 문명이 확대됐을 때를 생각해야 되리라 본다.

우리의 어떤 관념으로서 생명만 생각하는 것인데 다른 유의 생명, 부처님이 여기 말씀하신 유색, 무색, 유상, 무상, 비유상 비무상에 이른 생명까지를 유추할 때 포함 안 되는 생명이 없으며 거기에는 무념의 생명, 생각이 없는 생명까지 포함된다.

이것이 다 내 속에 있는 생명들이고 서로 연기를 이루고 밖에 나타나 있는 생명들의 모습이기도 한데, 백성욱 박사님은 일차적으로 자기 속에 있는 중생을 멸도하면 밖으로 투사되어 있는 중생도 멸도될 것이라고 해석하신 것이다.

3) 복지사회의 문화와 보시의 적극적 의미

물질화된 금세기 문화에서 금강경4분 보시의 의미는 나눔의 행복으로 복지사회를 건설하기 위해서도 가장 필요한 덕목이며 물질에 천착되어 있는 탐심을 정화하기 위해서도 반듯이 닦아야 할 제일바라밀이다. 조건 없는 무주상 보시를 행할 수 있다면 오늘날 문화는 혼탁하지 않고 한결 높은 격조와 향기를 지닐 것이다.

4) 약견제상 비상(若見諸相 非相)의 궁극적 표현

만일 모든 상(相)이 상 아님을 보면 곧 여래를 보리라는 5분의 말씀을 시각예술로 표현할 수 있다면 사람들은 놀랄 것이다. 그러나 사실을 재현한다고 믿는 사진작가가 이 말씀에서 진리를 발견하고 이를 표현하는데 궁극적 목표를 둔다면 어떻게 생각할 것인가. 실로 이것은 금강경에 심취한 한 사진작가의 실토임으로 우리는 그분의 작품을 주목하지 않을 수 없다. 그렇다고 그 작품은 개념미술이나 모노크롬(monochrome)의 단색회화에서 보이듯 상이 없는 것이 아니다.

상은 있으되 제상이 비상인 경지, 이것은 우리가 일상에서 보는 관점에 따라 만날 수 있는 본질적 세계이며 시각예술에서의 궁극적 화두이기도 하다.

이번 우리나라 국보 83호 금동미륵보살 반가사유상이 여러 논의 끝에 뉴욕 메트로폴리탄 뮤지엄에 전시될 예정인데 이는 일본 국보 1호의 원형이라고도 볼 수 있으며 서양의 고뇌상과는 다른 언어로 표현할 수 없는 부처님 세계의 정일한 사유상이다.

여기에 궁극적 표현을 빌리면 위에서 말한 상 아닌 상을 보아야 할 것이다.

5) 무유정법(無有定法)의 문화와 해석

금강경7분에 아뇩다라삼먁삼보리라 이름할 정해진 법이 없으며 정해진 법이 없음을 여래가 설하신다고 하셨다. 정해진 법은 여실한 법이 아니며 위없는 보편타당의 바른 진리도 아니라는 말씀인데 이것은 오늘날 문화에 잘 적용된다. 굳이 진리라고 믿었던 천동설이 지동설로 바뀐 사례 외에도 오늘날 패러다임의 전환은 문화의 극점에서 항상 발생할 소지를 가지고 있다.

각 시대의 문화에는 그 시대정신을 반영하는 양식적 특성이 있으나 그것은 역사적 흐름일 뿐이고 어느 양식이 다른 양식보다 더 우수하다는 법칙은 없다. 문명에는 진화의 개념이 있으나 예술적 측면으로 본 문화의 개념에서는 진화라는 개념을 적용하기 어렵다. 예술은 진화의 개념보다 그 시대를 조응하면서도 정해진 법의 테두리를 뛰어넘으려는 자유의지가 있다.

무유정법은 범주에 갇히기 쉬운 인간정신의 창달을 위해서도 또 한계 속 시야에서 일탈하려는 인간정신의 고양을 위해서도 오늘날 문화예술이 가져야 할 요건이다.

6) 금강경의 무위법과 오늘의 문화

금강경은 무위법이라 할 수 있으며 유위법의 무상함을 비추어 보게 한다. 그러나 일체법을 개시불법(一切法 皆是佛法)이라 하여 세간법과 출세간법을 유별하지 않았다. 문명이 점점 발전함에 따라서 오늘날의 문화는 유위에서 무위로 향해 가는 듯하다. 예를 들면 수도꼭지를 틀어야 물이 나오는 유위는 손만 갖다 대면 물이 나오는 무위로 진화되어 가고 사람이 없을 때는 불이 꺼져 있다가 사람이 있으면 불이 켜지는 감지기능의 발달이 점점 유위보다 무위가 상위라는 인식을 들게 한다.

이것이 더 진화되면 사람의 감정이나 생각까지 감지해서 한 생각이 행동의 유위성 없이 그대로 현현되는 무위세계가 점점 도래할 것이고 무위법이 상위법이 될 날이 올 것이다.

7) 후오백세 계법의 시대와 문화예술

오늘날 이 말법 시대의 모습을 투쟁견고시대(鬪爭堅固時代)라고 부르는데 오백 세씩 잘라서 그 모습을 표현했고 투쟁견고라고 하는 것은 다툼이 아주 굳어져서 견고한 시대로 보는 것이다. 투쟁견고시대가 거의 끝나야 그다음에 이제 다시 환원되어서 아름다운 그런 평화의 시대가 올 텐데 이 투쟁견고라고 하는 것이 어떻게 보면 나라 간에도 투쟁이 있을 수 있지만은 개인 간에도 투쟁의 그런 쟁투의 시대라고 보는 것이다. 물론 전에도 전쟁은 끊임없이 있었고 인류 역사 속에 한 번씩 그러한 변환이 올 때마다 많은 인류들이 희생되었지만 오늘날은 보이지 않는 전쟁으로 인해서도 많은 사람들이 다치고 있다. 이러지 않고 평화의 어떤 세계에서 서로가 자기 능력껏 그렇게 살 수 있는 방법은 없느냐 또 민주 평등 자유 이런 것으로는 성취가 어느 정도 됐고 모습이 여기까지 오기도 아주 힘들었지만. 출신과 성에도 차별 없는 평등, 또 밝아지는 깨달음에도 차별이 없는 평등 그게 삼먁(samyak, 正等)이고 무유고하가 돼 그렇게 해서 얻는 삼보리의 그 자유가 바로 해탈이 되겠는데 그러한 평화를 이 세계에 구현할 수 없느냐 하는 것이다.

한때 우리가 18세기 정도에서 칸트가 이성비판에 대한 책을 내면서 철학적인 주류를 잡아 갈 때는 그 시대를 대강 이성의 시대라고 불렀다. 그 이전에 여러 가지 시대 명칭이 있었지마는 이성을 자각해서 인간이 여기까지 도달한 것도 상당한 것으로 보였다. 칸트는 물론 거기에 오성(悟性)이라고 하는 개념을 표현하고 있다. Verstand라고 해서 오성은 경험에 의지하지 않고 진리의 어떤 그대로를 인지하는 것이다. 이성과 감성의 중간에 있는 사유능력이라 볼 수 있겠다.

그런데 그다음 시대가 점점 과학으로 발전해 가고 보니까 지성을 중시하고 이제는 이성의 시대를 넘어서 지성의 시대다. 이성보다도 그대로 지적인 어떤 소산물로서의 결과 여기에 많이 비중을 둔, 그걸로 인해서 물론 달에도 가고 다른 우주에 있는 모습도 보게 되고 인간의 지구별이라고 하는 대단히 작은 안목으로부터 우리가 벗어날 수 있는 무한한 그러한 것을 인지하게 됐다.

오늘날 그 이설에는 우주가 하나밖에 있는 것이 아니고 다중우주가 있다고 한다. 우주가 여러 개 겹쳐져 있는데 우리는 물질로 돼 있는 이 우주만 보고 있다. 이 우주 속에 있는 나라고 하는 것도 이 우주의 나지 다른 우주에 내가 또 있다. 그것도 과거에 있었고 미래에 있는 것이 아니고 동시에도 있을 수 있다는 것이다. 다중 우주 속에서, 또 요즘 반물질이라 하는 것이 대두되는데 물질이 아니라 물질이 아닌 걸로 구성돼 있는 그런 세계의 우주가 있다. 그 에너지가 어느 정도 불을 밝힐 수 있는 에너지일 수도 있다고 한다.

부처님이 구류중생을 말할 때 태란습화(난태습화)가 나오고 유색이 나오고 무색이 나오는데 무색이란 그냥 색이 없는 것이 아니라 물질이 아닌 세계, 그다음에 또 유상이 나오고 무상이 나오는데 무상이란 생각이 없는 세계. 비유상 비무상이 나오게 되는데 그중 이 무색이라고 하는 여기에 대해서 우리가 실질적으로 그런 것이 존재하는가 하는 과학에서의 증명은 없었다. 여태 우린 그냥 그런 세계는 있을 수 있다고 하는 생각은 했지만 그런데 과학에서 지금 증명해서 그 결과물을 내놓고 있는 것이다.

그게 다중우주론에 들어가게 되면 정말 부처님이 구류중생을 말씀하실 때 이렇게까지 많은 중생의 종류를 얘기하셨을까 한 인간만 가지고도 참 여러 가지 생각하기가 힘든데 물질이 아닌 세계까지, 생각이 있기도 하고 없기도 한 중생까지, 이런 것을 말씀하셨을까 하지만 무유정법으로 그런 가능성을 열어 놓으셨고. 이 세계는 아직도 우리가 알 수 없는 무수한 세계로 존재하고 있는지 모른다는 생각을 들게 한다. 대강 나누어 놓은 것이 그 정도이고 정말 높은 밝음의 깨달음에서 봤을 때는 그 세계는 불가사량이라고 봐야 할 것이다.

그런데 지성 다음의 세계, 오늘날 세계는 대강 감성을 중시하는 세계가 왔다고 본다. 오늘날 문화를 보면 대중적으로는 엔터테인먼트(entertainment)가 성행인데 전에는 소홀히 했던 연극이라든가, 악기를 연주하는 음악이라든가, 노래를 부르는 가창이라든가 영화라든가 종합예술 등 여러 가지가 다 들어가는데 미적 세계에 대한 여러 가지 이것이 전부다 감성에 연루된다, 감성 하나만 가지고는 안 되고, 감성과 지를 합쳐서 감성지라고 한다. 감성 그 자체로는 느낄 뿐이지 그걸 판단하지 못한다.

그래서 칸트는 마지막 판단력 비판에서 그것은 반드시 아름답다고 느껴질 때 그걸 인정하고 이것은 아름다운 것이다 이렇게 됐을 때 아름다움으로 존재하는 것이다. 아름다움을 우리가 가치 의미에 두지 않는다면 그것은 존재하지만 그 사람과는 별개의 세계다. 굉장히 참 아름다운 세계에 우리는 있는데 이것은 감성만 가지고 되는 것이 아니고, 감성에 지가 붙어야 한다.

문화의 모양으로 오늘날 그것이 많이 등장하고 그것을 즐기려면 감성지(感性知)의 안목이 높아져야 된다. 그것이 높지 않으면 향수할 수가 없다.

미술품도 마찬가지다. 명화나 명작을 감상하려면 감성지와 안목이 높아야 한다. 하나의 창작품이 있으면 감상자가 그만한 창작품에 대한 반을 완성한다는 말이 있다. 그걸 만든 사람은 반을 만들었고, 그래야 그것이 온전한 의미를 지니는 것이다. 그것을 우리가 향수(享受)한다고 하는데 향수한다는 것은 영어로 하면 그대로 enjoy이고 enjoyment다. 우리는 그냥 즐긴다고 보지만 엔조이의 뜻이 상당히 높다. 그런 아름다움을 우리가 향수할 수 있는 그만한 소양을 가지지 않으면 향수 못하는 것이다.

복을 줬는데 복을 누릴 만한 자질이 안 돼 있으면 복을 못 누리는 것이고 진정한 복지국가가 되려면 이 주어진 복을 향수할 줄 아는 국민을 만들어야 하는 것이다. 얼마나 환희스러운 그 아름다움이 모든 일상에도 있는데 그걸 향수할 줄 모르면 주어진 복을 못 받는 것과 마찬가지가 된다. 물론 복을 탐착하면 안 되겠지만 이것이 오늘날 문화의 한 일반적인 모양이다 그러나 이 감성도 지나가고 있다.

21세기는 통섭의 시대라고 본다. 그게 이성 지성 감성 이런 것들이 모두 합쳐지고 종교와 과학 이런 것도 상보적이 되고 물질과 정신 마음 이것도 모두 합쳐져서 통섭의 시대가 오고 있다. 이젠 이원의 시대가 아니고, 어느 것이 하나 더 뛰어났다는 시대가 아니라 모든 것이 무르녹아서 융섭되는 그런 시대다. 원융(圓融)의 시대다. 그런데 이것이 쟁투의 시대로 표현되어서는 안 될 것이며 그 반대의 손등, 손바닥 여기에는 이런 좋은 것들이 함께 지금이 시대를 끌고 가야 할 것이다. 자기가 어느 것에 더 비중을 두어서 거기에 치중하느냐에 따라서는 그 세계가 많이 복된 세계가 될 수 있을 것이다.

8) 발 아뇩다라삼먁삼보리(2분과 17분)의 문화적 해석

아뇩다라삼먁삼보리의 마음이라고 하는 것은 바로 부처님이 어떻게 보면 정각을 이루신 무상 정등 정각의 그 마음이시고, 어느 중생도 다 갖고 있는 그 마음이시다. 그런데 그것을 성취하고 보시니까 이미 갖고 있었던 본 밝은 마음이시더라. 내가 따로 어떠한 것을 성취해서 얻어 낸 것이 아닌 이상 모든 중생도 분명히 이 마음을 다 갖고 있을 것이다. 이런 부처님의 견지에서 본다면 아뇩다라삼먁삼보리(阿耨多羅三藐三菩提)의 마음을 발한 그 자리가 어떤 것이냐 하면 사실은 멸도일체중생(滅度一切衆生)한 그 마음자리다.

일체 중생이 내 마음의 어떤 원인으로서 현현된 그런 것이라면 내 마음이 다 멸도된 다음 일체중생이라고 하는 개념은 없는 것이다. 바깥에 있는 수많은 구류중생들 하고 내 속에 있는 중생은 아무래도 그렇게 일치된 것이 아닌 다른 것으로 보이는데 그 이유가 아상이 있기 때문에 그렇게 뵈는 것이고 아상의 벽이 무너지면 다른 걸로 뵐 이치가 하나도 없는 것이다. 멸도된 그 자리는 바로 부처님 광명이 임할 수 있는 자리고 내 마음의 공간이 깨끗이 정화되고 텅 비었으니까 어떤 빛도 그대로 쏟아져 들어올 수 가 있는 것이다.

멸도일체중생이라고 하는 것은 우리가 사홍서원을 할 때 중생무변서원도(衆生無邊誓願度) 이렇게 하지만 자칫하면 아상에 연루되기 쉽기 때문에 그런 마음도 아상없이 발할 것을 강조하시고 그런 생각 전혀 없이 너 자신을 정화해서 머무름 없이 마음을 발했을 때 그것은 시명장엄불토는 될 수 있을지언정 내가 멸도일체중생한다고 하는 한 생각이 남아 있는 한에는 아상이 생긴 것이고, 보살이 아니라고 하셨다.

여기 대승 경전의 금강경의 대상이 사실은 보살을 위한 것이니까 약락소법자(若樂小法者)는 대승 경전을 잘 소화하지 못할 것이다 그렇게 하신 건데, 그래서 여기 사실은 아응멸도일체중생이라고 하는 이 커다란 과제의 답은 보살의 발원이고 행원이다. 스스로가 해결해야 할 대과제고 이렇게만 되면 아뇩다라삼먁삼보리의 마음은 저절로 발해지는 것이며 그 자리는 청정해서 바로 불국정토가 임하고 있는 그 자리가 될 것이다. 이제 올 문화도 이러한 고양된 마음과 정신으로 확장된다면 무상정등정각의 문화는 인류 문화 최상 최고의 문화가 되리라.

9) 오안(五眼)의 문화적 해석

18분에 5안이 나오는데 첫째 육안은 우리 몸이 지 · 수 · 화 · 풍 이렇게 4대로 이루어졌다고 보면 물질의 결합에서 생긴 거니까 물질을 그냥 보는 것이고 물질화되어 있지 않은 것은 보질 못한다. 만일 물질이 가리워져 있다면 그걸 투과해서 가리워진 그 뒤를 보지 못하는 것은 육안이기 때문에 한계를 지닌다.

물론 이 육안에도 과학적으로나 생리학적으로는 시신경이 있고 시신경이 보는 범위가 있고 또 우리가 빛의 어떤 범주와 가시광선 안에서 인간이 볼 수 있는 눈의 한계가 있고 여러 가지가 있지만 일단은 제한적인 눈이라고 할 수가 있겠다. 눈으로 보는 것은 우리 육근(六根)이라고 하는 여섯 뿌리의 첫째가 되는 것이기 때문에 마음의 어떤 작용되는 영향에는 대단히 큰 것이라고 볼 수 있다. 이걸 가지고 우리는 대강 받아들이는 의식에서 안식(眼識)이라 해서 눈에서 보는 것을 인식하는 마음, 그렇게 보는데 물론 이제 부처님의 다음 단계 오안이 진행되지만 그 첫 근원은 육안에서부터 출발한다.

다음 단계의 천안(天眼)은 육안이 진일보한 눈이라고 볼 수 있고 또 어떤 시간과 공간을 초월해서 볼 수 있는 눈이라고도 할 수 있겠는데 색즉시공에서 공을 거의 볼 수 있는 눈에 이른 것이라고 볼 수 있다. 왜 그런가 하면 시공간을 초월해서 본다는 것은 요즘 우리가 예를 들면 천안이 통하지 않아도 매체에 의해서 천안이 활용되는 것이 바로 멀리 있는 걸 볼 수 있는 텔레(tele)-비전(vision)이다, tele라고 하는 것은 〈멀리〉 있는 것을 보거나 말할 때의 형용인데, 망원경, 전화가 여기서 번역된 것이며 감정의 pathy 중에는, telepathy(텔리파시)를 들 수 있다. 역시 상대가 멀리 있는 것을 알아내는 그런 감정이며 감정을 전송하고 받는 것이다. pathy 중에도 empathy(공감), sympathy(연민) 등 여러 가지 종류가 있지만, 그런 마음의 상태를 그대로 교환하는 것이다.

그러니까 이 천안은 실제로 굉장히 과학적으로 이미 갖추어져 있는 눈인데 사람들이 인지를 못하고 이렇게까지 달통이 못 됐을 뿐이다. 시공간 속에 이미 다 이렇게 모든 빛의 파장으로 혹은 모든 입력된 어떤 영상으로 돼 있는 것이니까 입력되어 있는 걸 열어 보면 과거의 것도 알 수 있는 것이다.

컴퓨터에서, 또 어떤 그 매체에서 비춰진 장면은 채널만 거기다 맞추면 보고 싶은 장면을 보며 요즘은 발달되어서 감시 눈까지 만들고 다 비추어서 그것이 입력이 돼서 비록 지나가 버린 시간이지만 거기 다 비춰지는 것이다. 염라대왕 앞에까지 가서 그렇게 고하지 않더라도 이제는 다 비춰지게 돼 있다. 숨을 길도 없고 거짓말할 수도 없고 자기 행동을 어떻게 왜곡할 수가 없다. 왜 그런고 하니 이건 시공간에 이미 다 이렇게 비춰져 있기 때문에 그렇고 이것이 매체를 통해 보는 천안이다.

물론 부처님은 그런 기계의 활용이나 매체를 통해서 보시지 않고 당신이 깨달은 그 능력에 의해서 그대로 보시고자 마음먹는 그 자리를 보시는 것이다. 인공위성에서 어떤 전체를 찍은 세부를 그 집 마당까지도 확대해서 볼 수 있는 그 정도의 능력을 지금 갖추고 있는데 지구 꼭대기에서 찍었지만 세밀하게 볼 수 있는 대상은 지구만이 아니다. 다른 천체, 별 여기까지 이 천체망원경이 자꾸 개발이 되서 낱낱이 전부를 볼 수 있도록 점점 천안이 발달되어 간다. 기계적인 천안이지만은. 이건 이미 이렇게 될 수 있는 원리에 의해서 그렇게 되는 것이지 이것이 원래 그렇게 안 돼 있다면 그렇게 안 되는 것이다.

부처님은 이미 그러한 세계를 아시니까 그러한 원리에 입각해서 어떤 공간의 장애를 무화시켜서, 색즉시공으로 공화시켜서 그대로 통투해서 보시는 것이다.

다음은 지혜의 눈 혜안(慧眼)인데 이 지혜의 눈이라고 했을 때에는 어떤 사건이 일어난 것의 원인, 앞으로 어떻게 될 결과까지를 대강 이렇게 통투해서 보는 그런 눈이다. 천안에 대해서 해석하는 눈이며 또는 바로 색즉시공 공즉시색을 보는 눈이다, 왜 그런고 하니 모든 물질화되어 있는 것은 무상한 것이므로 제행무상이고 제행무상에서 진일보하면 제법무아가 되는데 그 진리의 어떤 면모를, 가장 근원을 그대로 본다. 이것은 우리가 그냥 물질을 보는 육안에 비해서는 굉장히 많이 진화된 정신적인 눈이라고 볼 수가 있다. 그렇게 보게 되니까 자연히 원인과 결과를 보게 되는 것이며 이것이 이러한 연기로 서로 만나서 이렇게 이루어졌고 이것이 이제 시간이 다 돼서 이러이러하게 멸하게 돼서 없어지겠구나, 그걸 보는 것이다. 혜안으로 사물을 비추어 보았을 때 실상 이외에 염착할 것이 무엇이 있겠는가.

다음 법안(法眼)이라고 하면 '불법'했을 때 다르마를 생각하게 되는데 굉장히 객관적인 그러한 눈이라고 볼 수가 있다. 그 사물의 일어나는 원인, 과정, 결과를 객관적으로 비춰 볼 수 있다. 그러니까 실상을 보는데 무엇이 실상인가. 진리하고 실상은 통하지만 좀 다른데, 진리라면 이치로 보는 것이고 실상은 있는 모습 그대로를 보는 것이다.

법안은 실상을 본다고 할까. 올바른 객관적 관찰은 마음의 주관적 호오(好惡)가 거기에 작용되지 않아야 하니까. 법안에서는 그런 것은 용인되지 않는다. 있는 그대로. 여실한 실상을 그대로 본다.

다음은 불안(佛眼)인데 이 눈은 정말 완전히 깨달으신 부처님의 전지전능한 눈이시니까 이 눈에 비치는 모든 대상은 제도되는 입장에서 비추어진다. 부처님이 중생을 보는 그 자비심은 마치 부모가 자식의 잘못을 연민으로 보듯이 그렇게 보실 테니까. 물론 그게 호념과 부촉의 첫 질문에 이것이 나왔지만. 미혹한 중생, 어두운 중생, 정신의 병을 앓는 중생, 많은 어둠에서 고통을 당하고 있는 중생, 이러한 중생을 제도하시려는 마음으로 보신다. 잘못되면 그것이 재앙으로 나타날 테니까. 이 재앙의 근원을 성찰하도록 중생의 눈을 개안시켜 주신다.

최근 생명존중이라고 하는 입장에서 봤을 때 인공적 가축사육의 피해가 재앙으로 나타나는 예는 많다. 이는 먹는 사람이나 먹히는 동물이나 다 문제점을 일으키는데 이러한 문제나 환경문제를 부처님은 어떻게 보실까.

그런데 미식, 식도락이라 할 수밖에 없는 이런 인간위주 문명을 서양에서 자성하는 운동이 많이 일어났는데 초식에 가까운 동양인이 오히려 암에 많이 걸리고 구석기 식사법을 권장하게까지 되었으니 제도를 받아야 할 중생은 동물보다 그 주범인 인간이 아닐까 한다.

10) 미진과 일합상(30분)의 해석

삼천대천세계를 다시 부순다면 이것은 다 미진이 되겠는데 미진을 아주 작은 단위의 가루라고 본다면 우리말로는 티끌, 먼지 등으로 표현할 수 있겠고 오늘날 현대 과학에서 지극히 작은 세계를 말할 때의 마이크로(micro)이며 마이크로 세계에서 제일 작은 것은 원자라든가 그 이외의 소립자라든가 양자물리학의 입자, 이런 것이 될 것이다.

극미의 세계를 어떤 세계의 구성 분자로 보기보다는 여기서는 마음을 닦아 가는 그 과정에서 이런 티끌의 무리들, 미진중을 어떻게 생각해야 될 것인가 여기에다 초점을 맞추는 것이다. 우리가 지금 물리학에서 얘기하고 있는 그런 극미세계와 대조되는 것을 매크로(macro)라고 해서 극대의 우주론들을 내놓고 있는데 그런 세계에 대한 구성 분자로서 미진을 여기 말씀하시고자 하는 것은 아닐 것이다.

그러나 일단은 한 덩어리라고 하는 우리 현상계의 보이는 모든 모양들이 부수었을 때는 하나의 먼지와 티끌들이기 때문에 이것은 항상 하는 것이 아니고 하나의 화합으로 뭉쳐져 있는 가상(假相)들이요. 영원히 뭉쳐져 있는 것은 없다. 모든 것은 그렇게 생겨났다가 어느 정도 시간을 지속하다가 그다음에 부스러지기 시작해서 그다음에 멸하고 만다. 성 · 주 · 괴 · 멸(成 · 住 · 壞 · 滅) 한자로 표현을 하지만 그럴 때에 이 삼천대천세계라고 하는 이 광대한 세계같이 보이는 그것이 티끌 무리들로 구성되어 있다면 이것을 들고 부수었을 때 티끌들이 얼마나 많다고 하겠느냐고 세존께서 물으신다.

물론 그 대답은 대단히 많을 것인데 이것이 실다운 것이라고 볼 수 있느냐 하는 것이다. 모든 유위세계에 있는 것은 전부다 인연 화합의 모습으로 존재하고 있다. 우주의 모습마저도 그러한 연기(緣起)와 인연화합의 모습이고, 또 그 인연화합은 까르마(업)에 의해서 그렇게 될 뿐이다. 인연화합이라고 하는 그 가상은 실상은 아니다.

5분에 凡所有相은 皆是虛妄이라 했을 때 그것은 가상을 말씀하신 것이라 볼 수 있고 맨 뒤에 나오는 一切有爲法이 如夢幻泡影이며 如露亦如電이니 應作如是觀이니라 그것도 유위세계의 실상이 아닌 그러한 모습을 표현하신 것이다.

그러므로 삼천대천세계가 즉비세계며 실로 있는 것이라면 일합상(一合相)일 뿐이라는 것이다.

이렇게 됐을 때 일합이라든가 하나의 모습은 어떤 모양의 일합이 아니라는 걸 알 수가 있다. 모양의 일합이라고 하는 것은 늘 현상계에서 변전하는 모습이기 때문에 우리가 마음을 닦아 가는 데 있어서는 그렇게 중시할 그런 모습들이 아니다.

단지 우리가 법신여래의 견지에서 봤을 때 하나라고 하는 것은 대단히 귀중하다.

만법(萬法)이 귀일(歸一)이요, 일귀하처(一歸何處)인고?

이건 대강 선정에서도 화두로 쓰고 있는 말이지만, 하나로 돌아가는 자리 그것이 이제 우리가 마음의 근본 자리라고 봤을 때 그 자리는 대단히 밝은 자리일 것이다. 여래의 밝은 당처일 것이다. 그랬을 때의 일합은 바로 뒤에 나오는 불가설(不可說)이며 우리가 애기할 수 없는 것이다.

4. 맺음말

금강경과 문화예술을 개관하고 각분에 대한 연관 관계를 살펴보았다.

문화와 예술에 대한 과제는 문화비평, 문화인류학, 신화학, 미래학, 전통문화의 과제에 이르기까지 광범위하며 예술에 대한 연관도 미학, 예술학, 예술철학, 각 예술의 범주에 이르기까지 다양하다.

이 방면에서 필자는 '불교문화 유산의 보존과 전승' '한국문화와 불교'에 대한 발제논고가 있었고 불교문화에 대한 다수의 논고가 있었다.

'동서신화의 祕意的 조형물 연구' '현대미술과 Technology' '미래의 미술, 그리고 기술' 등의 논고는 신화학, 문화비평, 미래학의 한 장이 되었다.

근래 문명 담론에서는 문명과 문화에 대한 개념의 우위성에 대한 사적 고찰이 있었으나 오늘날 종교는 문화에 연루되게 되었으며 문화는 고정불변적인 것이 아니라 끈임없이 변전되는 것이다. 이런 면에서 문화의 개념은 종교의 성격과는 다소 다르다.

굳이 금강경을 문화의 범주와 연루시키려는 시도 자체가 다소 무리인 측면도 있지만 그러나 그 초점을 금강경의 무위와 무유정법의 상승법에 맞춘다면 현대문화예술의 지향점도 명료해진다. 모든 유위세계의 근원은 무위다. 유위의 예술이 그 근원인 무위를 발견하고 본질에 접근해 가는 것은 유위를 통해서도 그 의미 가치를 더 근원적인 곳에서 찾을 수 있기 때문이다. 이것은 창작의 입장에서만 해당되는 것이 아니라 문화예술의 향수를 창달해 가야 할 대중이 고양될 때 가능한 것이다.

금강경은 일체법이 개시불법이라 하셨으니 유위 무위가 다 통섭되고 또 불법자는 즉비불법이라 하셨으니 그런 분별마저도 용인하지 않는 수승한 근원을 가장 밝게 보게 하는 여래의 여의와 당처의 자리이다.

굳어진 가식의 자아가 사라지고 일체중생이 멸도된 무아의 참나가 밝게 빛나는 여래의 여여한 세계, 다함없는 시간과 공간 속에 빛살로 다녀가는 생명의 본모습을 보게 하는 이곳, 금강경의 밝은 기운은 오늘과 내일의 문화에도 다함 없는 빛을 비추어 줄 수 있으리라 본다.

참고 문헌

白性郁博士解說, 金剛般若波羅密經 百萬社, 1977
김동규, 白性郁博士님의 金剛經 이야기, 금강경 독송회출판부, 2009
김원수, 크리스천과 함께 읽는 금강경, 공경원, 2005
심재동, 新 金剛經諺解, 고려얼, 2007
류종민, 오늘의 금강경, 운주사, 2012
정천구, 금강경 공부하기, 작가서재, 2013
전재성, 금강경(能斷金剛般若波羅密經) 한국빠알리성전협회, 2003
전홍석, 문명담론을 말하다, 푸른역사, 2012
이영철 엮음, 21세기 문화 미리보기, 시각과 언어, 1996
한국문화인류학회, 처음 만나는 문화인류학, 일조각, 2013
홍가이, 현대미술 문화비평, 미진사, 1987
백기수, 美學 藝術學序說, 동민문화사, 1972
조요한, 예술철학, 미술문화, 2003
조효남, 의식 영성 자아초월 그리고 상보적통합, 학수림, 2008
류종민, 예술의 표출과 승화, 중앙예술, 1984
류종민, 불교문화유산의 보존과 전승, 교불련논집6, 1998
류종민, 불교와 조형예술 그 顯現의 樣態, 교불련논집8, 2002
류종민, 한국문화와 불교, 교불련논집11, 2005
류종민, Borobudur의 사상적 배경과 조형, 교불련논집10, 2004
Gerardus van der Leeuw, 윤이흠역 종교와 예술, 열화당, 1988
Fritjof Carpra, The Tao of physics, Shambhala press, 1975
Rudolf Arnheim, Toward a psychology of art, Univ. California, 1966
Jacques Maritain, Creative intuition in art and poetry, Bollingen, 1977
Joseph Campbell, The mythic Image, princeton university press, 1981
Yoo Jong min, Die Bedeutung Diamant-Sutra und Spiritualle ubung, Landsberg, 2002

가을 여행 3장
-2010년 유심

이번 여름에 많은 비가 오고 나서 기후에 대한 우울증을 씻어내듯 시월의 가을은 화창한 날씨가 계속되었는데 요행히 이 좋은 날씨를 타고 3주에 걸쳐 세 번의 여행을 하게 되었으니 계절과 기후에도 고맙지만 그렇게 여행하도록 만들어 내는 세월과 인연의 수레바퀴에도 감사한다.

첫 번째 여행은 시월의 첫 주에 이루어졌는데 고등학교 졸업한 지 반세기(1960), 50년이 되었다고 해서 그 기념행사에 부부 동반으로 따라간 것이요.

두 번째 여행은 또 대학 입학한 지 50주년을 기념한다고 해서 미술대학 입학 동기들이 간 여행이고, 세 번째는 지리산 자락 구례에 인연 닿는 곳이 있어 집사람과 함께 간 여행이다.

이렇게 되고 보니 격주로 간 여행기를 쓰게 되는 기분인데 그것이 다 의미가 있고 보니 음미할만한 가치가 있다고 보여진다.

첫 번째 여행은 울산의 조선단지를 둘러보고 푸른 동해안 바닷가를 달려 감포 대왕암에 이르렀는데 마침 낙조가 문무대왕암을 비추고 있었고 내가 이번에 출간할 시집에 대왕암을 쓴 것이 생각나 감회가 깊었다.

삼국을 통일한 영주가 당신의 호화로운 무덤을 마다하고 호국용왕이 되겠다는 발원으로 바다에 안장된 예는 동서고금에 찾아보기 힘들 것이고 또 그 아들 신문왕이 은혜에 감사하는 감은사를 지어 그 법당 아래 용이 드나들 수 있는 특별결구를 설계한 것도 이례적인 예라 할 것이다. 마침 대종천을 지나 경주 보문단지로 가는 어구에 감은사 쌍3층석탑이 낙조에 뚜렷한 선을 각인하고 있었다. 꼬불꼬불한 산을 넘어 보문단지 리조트에 여장을 풀고 신명나는 진행에 따라 낭만의 연회를 가진 뒤 다음 날 불국사를 탐방하는데 마침 다보탑 앞에서 부족한 가이드 노릇을 내가 하게 되었다. 다보탑 구조의 조형성을 간단히 얘기하고 석가탑은 아사달의 수준도 높지만 감은사탑에서부터 발전 정제되어 온 양식 완성의 결정체라는 얘기도 하였다.

그러다 보니 역설적으로 말할 수 없는 말을 한다는 무설전(無說殿), 세상의 소리를 보는 관음전, 한계가 없는 시간과 빛을 뜻하는 아(無)미타(量壽, 量光), 하나의 원리로 돌아가는 지권인을 한 비로자나불, 그 사상적 배경까지 얘기할 것이 많았고 미주에서 온 기독교 동문들도 처음 듣는 얘기라고 좋아했다.

석굴암에 올랐을 때는 날씨가 너무나 청명해 먼 바다의 수평선까지 잘 보였는데 굴 내에 들어가지 못하니까 유리벽 밖에서 보고 밖의 층계에 앉아 그 사상적 배경과 내용과 구조에까지 얘기해 줄 수 있어 좋았다.

하나의 빛살이 천개(궁륭의 중앙광배)로부터 쏟아져 내려와 불보살을 이루고 있는 화엄세계와 그 본존의 시선이 동해바다의 대왕암을 바라보고 있다는 고유섭 선생의 예지와 황수영 박사의 답사와 증명에 이르기까지 얘기할 것은 많았지만 어찌 짧은 시간에 다 얘기할 수 있었으랴 그 길을 걸어 내려오면서 질문에 답하기도 하고 보람 있는 시간을 가졌다.

이로 인해 나는 조각가와 시인이기보다는 사학자처럼 인식되었는지 어디에서 박사학위를 받았는가의 질문까지 받아 난처했다. 여하튼 경주여행의 백미는 내가 짧은 가이드 노릇을 하며 동문들에게 도움을 줄 수 있었다는 보람과 기쁨이 있었다.

둘째 여행은 대학동문들과 KTX를 타고 부산으로 가서 해운대에 머물면서 이번에 불탄 금색빌딩도 보고 경각심을 갖게 된 것과 언제인가 겨울 여행에 탄생했던 〈채스〉라는 시의 달맞이 언덕도 가 보게 된 점이 인상에 남았다. 달맞이 언덕을 넘어 송정리 바닷가에 이르니 잔잔한 바다 물살이 세 모래를 어루만지는데 아직도 그리 차지 않고 물속에 들어가 낚시를 하는 사람도 있었다. 예쁜 곡선을 그리는 산 위에는 가냘픈 달이 떠 서정의 풍경이었고 다시 어느 어항으로 가서 오륙도 가는 배를 탔는데 마침 석양의 노을이 지는지라 내가 좋아하는 금빛 일주의 빛기둥에 감탄했다. 오륙도를 가까이서 본 것도 처음이어서 그 등대 바위와 섬의 인상이 깊이 남았다.

세 번째 여행은 구례 상사마을에 감을 다 따기 전에 꼭 가 보라는 문화마을 원장의 권고에 따라 부부 동반으로 한번 여행에 이력이 난 집사람을 데리고 다녀온 것이다.

그곳은 지리산 자락이어서 간 길에 천운사, 노고단, 화엄사를 들러 왔는데 천은사는 숨어 있는 샘의 천은이란 뜻대로 그 아담한 분지의 계곡 아래 모인 물이 호수를 이루고 있어 아름다웠고 먼 앞산과 뒷산이 편안한 감을 주는 명당자리 라는 느낌을 받았다.

그 뒷길을 따라 꼬불꼬불한 노고단으로 향하는 길로 올라갔는데 이번 해는 철이 늦어 단풍이 들기는 멀었고 정상에는 그래도 단풍이 좀 들어 있었다. 내려와 다시 화엄사에 들리고 각황전 옆을 지나 사사(四獅)삼층석탑에 오르니 일조가 사자와 탑의 음양을 뚜렷이 조명하고 있다. 연기조사가 어머니를 위해 세운 탑이라 하지만 사자와 함께 탑신을 받치고 있는 승상은 그 조형이 이형탑으로서는 다보탑과 쌍벽을 이루는 아름다운 탑이다. 탑을 향하고 있는 기둥 속의 조상 뒤에 마침 스님이 예불하고 있는 모습이 함께 어울려 별세계의 조형을 이루고 있었다.

숙소로 돌아오니 감나무에서 감을 따고 있던 아주머니가 키 작은 감나무 옆에서 사진 찍기를 권한다. 원래 감밭을 이용해 지은 숙소라 데크에도 군데군데 감나무가 솟아 있어 운치 있었고 실내는 좋은 음악과 서재가 어울린 방이 있어 지리산 자락을 바라보며 명상하고 편안하게 마음을 쉴 수 있었다. 주위의 차밭에서

채취한 차를 마시며 번잡한 세간사를 잠시 떠나 조용히 본 면목을 들여다보는 행복. 어느 것도 본래의 내 얼굴은 아니지만 이런 여행에서만 맛볼 수 있는 기쁨이 아닌가 하였다. 돌아와 생각하니 가을 여행 3장이 내게 남긴 여운이 잔잔하면서도 깊이 뇌리에 찍힌 영상이 꿈같다.

주례 이야기

35세에 주례를 시작하여 매년 10쌍씩 거의 주례를 섰다면 65세 정년퇴임까지만 해도 어림잡아 300쌍은 선 셈인데 나는 중요한 주례 외에는 다 기억할 수 없다.

그 대상은 첫째가 제자고 둘째가 불교 관계 인연이고 셋째가 지기의 자식이거나 부탁이었다. 처음에는 주례사 준비 없이 진행해도 자연스럽게 잘하였는데 어느 때인가 방송국에서 주례를 한 번 서게 되었는데 조명을 세게 비추는 바람에 끝나고 나서 무엇을 얘기했는지 기억이 안 날 지경이어서 주례사를 써 준비하게 되었다.

35세에 주례를 하게 된 동기는 일찍 대학강단에 서고 보니 졸업할 때 결혼하게 된 쌍이 생기게 되어 첫 주례를 이른 나이에 서게 되었고 목소리 좋고 주례사 내용이 간결해 좋고 또 여유 있게 진행해 마치니 줄줄이 신청이 들어오게 된 것이다.

내 주례사는 3분인데 그렇게 된 이유는 A4 용지를 반으로 접어 앞뒤로 4면을 읽으면 딱 3분이 되는 것이다. 그런데 명연설은 3

분이라는 설이 있고 또 웅변대회도 3분 설이 있다. 이 얘기가 퍼져 어느 집 학부모가 3분보다 더 많이 하셨으면 해서 들어 보시고 나서 얘기하시라고 했는데 과연 끝나고 나서 3분 안에 어떻게 그런 좋은 내용을 다 말씀하시느냐고 해서 웃었다.

나는 늘 새벽 정진을 하니까 기운이 와닿는 어느 날 두 사람을 위한 정진을 한 후 그냥 써 내려가면 곧 완성이 되고 예식이 있는 날 아침 한번 읽어 보면 익숙해지니까 마음을 놓아도 좋았다. 그리고 식장 가는 일에 소모되지 않도록 모셔가게 했는데 먼 장소는 여유 있게 출발해야 되고 또 정장을 해야 하니까 주례를 서고 난 복장으론 볼일 보기도 불편해서 그날 하루는 주례일로 마치게 되는 것이다. 그런데 문제는 주례를 선 것만으로 일이 끝난 것이 아니란 점이다.

주례 몇 년이 지난 후 친한 제자가 와서 다른 친구들은 다 아들 딸 잘 낳아 좋아하는데 저는 딸만 둘 두었으니 아들 두기까지 몇 공주라도 상관없다기에 어이쿠 주례가 이런 것인가 하고 그럼 내가 일러 주는 대로 정진해라 해서 아들을 두었는데 어찌나 좋아하는지 한시름 놓은 적이 있다.

이것은 나중 얘기지만 이 아이가 잘 커서 좋은 회사에 간부가 되고 장가를 가게 되었는데 또 나더러 부탁이 와서 주례 서서 낳은 아이까지 또 주례를 서게 되었고 이런 경우가 이전에 또 한 번 있었다.

또 한 번은 주례선 제자가 호주에 가서 10여 년 해외 생활을 하다 보니 아이가 없어 친구들 보니 부러운데 제가 몇 대 독자라는 것이다. 그래서 또 정진을 해 보자 하고 얼마 지났는데 늦은 나이지만 아들을 두어 집안에 경사가 났다고 좋아하는 것이다. 어느 날 무슨 소포가 왔기에 뜯어 보니 조그만 상자에 백일 떡을 담고 아이의 사진을 넣어 보냈다. 참 잘된 일이었다.

그러나 막상 세 아들을 둔 나는 손녀만 넷이고 손자가 없다. 남 좋게 할 줄은 알아도 제 몫까지 갖추지는 못하는구나 하였다. 삼백 쌍 주례사에 얽힌 얘기는 다 할 수 없고 이것만으로도 책 한 권이 되겠구나 싶어 이만 접는다.

해외 성지순례 및 행사 회고기(1999)

교수불자연합회 초기에는 적지 않은 해외 성지순례 및 행사가 있었는데 그중에 필자가 단장으로 참여했던 몇 회의 회고담을 기록해 볼까 한다.

교불련 창설 후 최초의 성지순례는 인도였는데 그것이 89년 겨울 1월달 일로 13일간 일정에 20여 분이 참가하였다. 그때에는 젊은 교수뿐만 아니라 노 교수님들도 적지 않게 참석하셔서 단장으로서는 여간 신경을 쓴 것이 아니었다. 인도의 어느 곳이었던가 여정 중에 인력거로 병원에 가신 분도 계셨다. 더욱이 인도의 비행기와 차편의 연착은 일정을 더욱 어렵게 만들어 어떤 경우는 야밤에 겨우 숙소에 당도하기도 하였다.

그러나 어려움에 비하여 초창기의 열기와 신심으로 인해 성지순례의 자세는 진지하였으며 부처님 발자취를 따라가는 우리들의 마음은 경건하고 즐거웠다. 격외로 참가했던 남지심 씨와 스승 되시는 이남덕 교수의 인상이 남으며 냉동실 같은 밤 열차를 탔던 추억은 지울 수 없다.

두 번째는 초대회장인 고준환 교수가 단장으로 그해 여름 중국 성지순례를 떠났던 일인데 그때는 천안문 사태가 나서 들어가기 어려운 일을 고 교수의 노력으로 홍콩에서 들어가게 되어 북경 회의를 무사히 마치고 시안(西安), 난주를 거쳐 중국의 서쪽 끝인 돈황에서부터 동쪽 끝에 가까운 천지까지 가서 한라산에서 가져온 흙으로 합토제까지 하고 통일 염원을 했으니 기개가 대단하였다.

돈황을 스물다섯 시간 기차로 가는 도중에 갈아타는 곳이 있었는데 지금은 고인이 되신 윤을순 교수께서 어긋나서 못 타신 바람에 돈황에서 걱정하는 중 그래도 아침에 찾아오신 기쁨도 맛보았다.

세 번째는 일본 류코쿠대학(龍谷大學)과 자매결연을 맺으면서 한상범 교수가 회장일 때 필자가 단장으로 가게 되었는데 류코쿠대학의 노총장은 인사 후 가신 줄 알았는데 한일불교 학술회의가 끝날 때까지 뒷자리에 앉으셔서 자리를 뜨지 않고 계셨던 것을 뒤늦게 알고 감명을 받은 적 있다. 우리 같으면 그렇게 하겠는가 싶었다.

박선영 교수가 당신의 경험을 살려 잡은 코스도 좋아 교토의 정신적 배경이 된 히에이산의 명승들, 또 고야산사에서의 하룻밤은 특별한 감회를 주었다. 그리고 오사카에서 내륙으로 밤새 가는 기선을 타고 벳부까지 가며 나눈 정취도 잊지 못할 것 같다. 참가 인원도 꽤 많았던 것 같고 학술회의와 더불어 일정도 재미 있었다.

네 번째는 태국 성지순례를 방콕에서부터 아유타야, 수코타이를 거쳐 북쪽 끝인 치앙마이까지 했을 때의 추억은 무척 낭만적 회억으로 남아 있다. 이 코스는 그때까지 유럽이나 서양인이 즐겨 탐방하고 한국인은 별무였던 때였음으로 유네스코가 지정한 태국의 고도를 둘러보는 의미가 각별했다. 그것은 과거 샴 제국의 수도가 북쪽에서 남쪽으로 이동한 것이 백제의 수도가 그러했던 것 같은 감을 주었다. 치앙마이에서 골든 트라이앵글로 들어간 어느 마을에서 잠시 촌장 노릇을 하며 즐거웠던 일이며, 미스유니버스가 나온 미인마을에서 태국옷과 목걸이를 하고 춤을 배웠던 일과, 아침에 백경남 교수가 촌장에게 경례를 보냈던 즐거운 인상도 남는다.

돌아오는 길에 방콕에서 승왕(상가라챠)을 뵙는 다행을 가졌는데 에메랄드사원의 화려함을 본 우리는 승왕이 계시는 곳도 장엄하리라 생각했으나 이외로 이층의 다락방같이 조촐했으며 "귀국은 대승불교를 숭상하시나 우리는 소승불교"라고 겸허해하셨는데 기실 대부분의 공간과 시설을 다 교육기관으로 내놓으신 그 정신이 우리보다 대승으로 보여 다시 한 번 우리 불교를 되돌아보게 하였다.

다음은 천불천탑의 파간이 있는 나라 미얀마를 오상환 교수가 회장일 때 다녀온 깊은 인상이 남아 있다. 비록 공산화가 되어 사찰은 군인이 지키고 있으나 불국정토를 이상으로 하여 이룩된 수많은 가람과 탑의 유적은 감명을 자아내기에 충분하였으며 양적 질적 규모와 아름다움도 비할 바가 없었다.

다음은 성지순례는 아니지만 교불련 역사상 가장 큰 해외 행사를 치룬 97년 함부르크의 korea-Tage 문화행사였다. 이것은 함부르크 주정부와 한국의 문화관광부가 맡아야 할 일을 교불련이 대행할 정도의 규모와 내용이었으나 그만한 노고에 비하여 얼마만한 성과를 거두었는지에 대하여는 미지수며 그 점 국내의 조명이 아쉬웠다.

한국 불교문화를 기축으로 한 여러 측면의 예술, 공연, 범패, 전시, 차시연, 학술회의가 여러 장소에서 다방면으로 이루어지고 많은 인원이 참석하였으며 그때 종정으로 계시던 혜암 스님과 그 문도들도 참석하여 행사가 끝나고 버스 두 대로 백림을 거쳐 동구를 한 바퀴 돌았던 대여정의 어려움도 있었다.

이 일은 그때 사무총장으로 있었던 연기영 교수가 발의하고 주관하였으나 나는 그때 어머님이 운명 직전에 계셨음으로 회장으로서의 소임을 고민하지 않을 수 없었다.

그러나 부처님의 가호에 대한 신념이 확고하셨던 어머님은 단호히 내가 소임을 다하고 다녀오기를 명하셨고 "네가 돌아올 때까지 절대 죽지 않을 테니 안심하고 네 소임을 다하고 돌아오라. 부처님이 지켜 주실 것이다."라고 말씀하셨다.

나도 믿음을 가지고 다녀왔으며 부처님의 가호가 어긋나지 않아 다녀온 일주일 후에 내 생의 정신적 스승이시며 도반이기도 하셨던 어머님은 운명하셨다.

그러나 부처님 시봉하는 일이 서투른 나는 갑자기 불어닥친 IMF로 인하여 잘 마감된 줄 알았던 그 행사의 후유증을 앓게 되었고 회장의 무거운 책임을 통감하게 되었다.

그러나 그때 함부르크와 동구를 누비며 겪었던 회억은 힘들고도 아름다운 인상으로 남아 있다.

이제 한국의 불교문화가 각가지 모습으로 더욱 세계에 확장되기를 발원해 보며 어려운 일에 동참하셨던 그때의 모든 분들께 감사의 마음을 올린다.

世間과 出世間

–교불련 회지

한때 大學을 상아탑이라 표현했으나 現今 아마 大學을 상아탑이라고 보는 이는 거의 없을 것이다. 그만큼 시대는 혼용의 가치를 요구한 것인가. 아니면 시대정신이 그 의미의 변질을 가져왔는가. 불자로서 혹은 교수로서 우리는 이 점을 한번 省察해 볼 필요가 있지 않을까.

世尊께서 보여 주신 根源과 方便을 本과 用 理와 事 出世間과 世間의 현상에 비유해서 한번 생각해 보고자 한다.

나는 안성 山속의 내 도량에서 精進할 때는 出世間 속에 있고 서울에 한번 나와 市中의 일을 볼 때는 世間 속에 있다. 자연 속에서는 모든 보이는 것과 들리는 것이 다 마음을 쉬게 함으로 몸은 분주하나 마음의 여유가 모든 것을 받아들이게 한다. 그것이 無爲의 本이다.

그러나 世間에서는 끝없이 마음이 분주함으로 몸은 기계적인 有爲에 따라야 하고 마음이 쉬지 못하고 그것을 쫓아다닌다. 이것이 有爲의 用인데 마음을 많이 닦아 기운이 섰을 때는 그 여유가 지속되나 이 本의 에너지가 떨어지면 出世間으로 와서 재충전 한다.

많이 지쳐 냄새가 묻어 왔을 때는 山門을 들어서며 용서를 빈다. 그리고 그 모든 것을 부처님께 바친다. 잘된 일이든 못된 일이든 내 有爲의 分別이 떨어질 때까지. 사실 世間의 일은 나의 本과는 무관한 것이므로 잘되었다면 밝은 기운이 투영되었던 것이고 못되었다면 닦지 못한 기운의 투영이었을 뿐이다.

有爲世界에서는 나의 本이 사물을 쫓아다니느라고 서서히 자취를 감추고 슬며시 다른 것이 나인 것처럼 행세를 하기 시작하여 그림자가 主人公 구실을 한다. 그 차별相이 我, 人, 衆生, 壽者相인데 本에 돌아오면 그런 것이 없다. 부처님은 항상 本의 자리에 계시고 本에서 올바른 用을 쓰게 하심으로 닦지 않은 내가 하는 일이란 다 그런 것이다.

원효 스님은 마음이 있는 곳에 부처님이 계시니 이치와 일에 함께 불공하라(心處存佛 理事佛供)고 하셨지만 理事에 불공하려면 우선 마음을 닦아 밝은 本마음이 되어야 하고 나라는 相이 없는 마음이 되어야 한다. 이치를 알아 깨달음의 근사치에는 간 듯하나 껍데기를 벗지 못했음으로 다시 事를 만나 如如하지 못하고 흔들려서 出世間으로 돌아오는 것이다.

누구든 出世間과 世間이 완전히 하나가 되어 如如하다면 부처님 시봉을 할만한 일꾼이라 할 수 있을 것이다. 백성욱 박사님은 문패에다 應作如是觀을 달아 놓으시고 문으로 들어오고 나가는 사람이 한번씩 그 마음을 점고하게 하셨는데 有爲世界를 보는 눈이 과연 투철하게 되었는지 흔들림 없이 되었는지 들여다보라는 뜻이었을 것이다. 여래는 오고감이 없으므로(無所從來 亦無所去) 원래의 밝은 當處에 항상 계시는데 어찌 世間과 出世間으로 가셨다거나 오셨다는 분별이 있을 수 있겠는가.

누구는 오늘날 위기의식은 正論이 없는 것이라는 예리한 말을 하였는데 正論은 과연 올바른 것이 무엇인가를 투철하게 보는 慧眼과 法眼에서 나올 것임으로 결국은 그 마음의 밝은 本에서 나오는 꾸밈없는 바른말을 할 수 있고 들을 수 있는 것을 말하는 것이 될 것이다. 길을 안내하는 자가 올바른 길을 안내하지 못했다면 얼마나 많은 사람들이 고통을 당할 것인가. 또 힘을 소모당할 것인가.

본원보다 用을 중요시 여기는 시대에서 상아탑은 더 이상 지속 근거를 잃은 것이다. 用이 목적이 되면 모든 것은 실용 위주의 효용가치에만 급급하게 되고 用이 출현하게 하는 근원을 소홀히 하게 되는데 과실을 따기 위해서 나무의 뿌리나 잎이 등한시되어서 올바른 결실이 지속될 것인가 기초 학문을 등한시하고 어떻게 응용 학문이 견실하기를 바라는가.

육자대명왕 진언이 결실의 위력을 발한다 하여 빠른 시간에 세계 대제국을 이룬 징기스칸이 그 지속시간을 얼마나 유지했는가.

교수불자연합회는 出世間과 世間의 길을 함께 걸어가야 하는 사람들의 모임임으로 흥하고 쇠하는 것이 문제가 아니라 각자의 구성원이 어떻게 이 도리를 조화롭게 운용하여 世間을 밝히고 이롭게 할 것인가가 문제일 것이다. 스스로 닦아 밝지 못하면 무슨 이익을 줄 것인가. 외형적인 숫자나 조직이 무슨 의미가 있는가. 法力이 선 사람이 늘어나는 만큼 그 조직은 活性化될 것이고 혼미한 바깥 세계도 淨化될 것이다. 바쁘고 바쁜 교수의 시간을 잠시 쉬어 出世間의 마음을 연습하고 如如한 마음으로 理事에 佛供하면 안 될 일이 무엇이 있겠는가. 주인공이 다시 걷기 시작하면 그림자가 혼자 쉴 수 있겠는가.

교불련이 가야 할 길은 멀고 할일도 많은 데 다시 한 번 힘을 내어 달려갈 때라 수고하신 전 회장단의 노고를 치하하며 새롭게 출범하는 새 회장단에 새로운 기대를 걸어 본다.

불교와 문화예술

이성과 지성의 시대를 지나 오늘날 문화의 양상은 다분히 감성의 시대라 할 만하다. 우리가 아름다움을 느끼고 판단하며 가치를 부여하는 것은 감성만으로는 안 되며 거기에 지(知)가 붙은 감성지가 작용해야 한다.

부처님은 아름다움에 대하여 어떤 생각을 하셨을까? 인도 천민계급에서 최고의 지성으로 공부하고 봉헌한 암베드카르는 아름다운 것에 대한 사랑에 대하여 부처님과 아란의 대화를 이와 같이 소개한다.

아란은 아름다운 것과 친구가 되고 가깝게 되고 친밀해지는 것은 고귀한 생활의 절반이 됩니까 하고 여쭈었다. 부처님은 이렇게 대답하셨다.

그것은 고귀한 생활의 절반이 아니라 그 전부다. 아름다운 것의 친구이자 그것과 친밀한 수행승은 팔정도를 이루고 소중히 여길 것이라고 기대한다.

생로병사에 시달리고 절망에 빠지는 존재인 인간은 아름다운 것과 친교를 맺음으로써 고귀해지고 해방될 수 있다고 말씀하셨다.

우리가 위대한 정신적 예술품을 무가의 보배로 여기는 것은 거기 담긴 내용이 인간의 정신을 고양시킬 수 있기 때문이다.

석굴암 본존상 앞에서 지난 스웨덴의 구스타프 황태자는 이러한 존상을 만들 수 있는 인류의 능력에 경배를 올린다고 하였다.

김수환 추기경은 석굴암에서 말할 수 없는 감동으로 긴 시간을 머물렀다고 하셨다.

인간정신을 높은 곳으로 끌어올리는 이러한 힘은 아름다움이 진과 선의 꽃이기 때문이다. 물론 진선미는 각자의 의미가 다르지만 아름다움은 인류가 도달할 수 있는 마지막 이상향에 자리하고 있다. 전쟁이 없는 평화와 각자의 가치를 인정하는 평등은 다 이 아름다움의 영역에서 일조할 수 있다.

부처님 화엄세계의 장엄은 다 이 아름다움으로 이루어져 있으며 아름다움과 함께하는 것이 고귀한 생활과 수행의 전부라고 하는 말씀을 다시 한 번 돌이켜 보게 한다.

혹자는 예술을 교화의 방편으로만 생각한다. 그러나 궁극적으로 예술은 시간과 공간을 뛰어넘는 본질 그 자체일 수 있고 인류문화가 꽃피운 한 정수라고 할 수 있다.

우리 국보 83호 미륵반가사유상이 영향을 미친 일본 국보 1호 미륵반가사유상을 극찬한 야스퍼스는 만일 일본 열도가 가라앉

는다면 가장 애통한 일은 이 반가사유상이 소실되는 일이라고 하였다. 그 가치 의미를 일본 열도와 대등한 상위에 둔 것이다.

인간의 형상은 물질화되어 있으나 그 정신은 물질이 아니면서 물질로 나타난다.

가장 숭고한 아름다움은 물질이면서도 물질이 아닌 높이에서 물질을 초월한다.

이 아름다움이 시간과 공간을 초월해서 현현하는 무가의 가치다.

숫자로 헤일 수 없고(무량수) 빛으로도 측량할 수 없다(무량광).

한계가 없고 계측할 수 없는 가치, 그러한 가치를 만나는 것은 일 생 일대의 행운이다.

가치를 만나는 것을 득치(得値)라고 하는데 그것은 우연히 얻어지는 것이 아니라 각고의 정진과 노력이 필요하며 가치를 알아보는 혜안이 열려야 한다. 그가 걸어가고자 하는 길이 어떤 길인가에 따라 가치 있는 사람, 가치 있는 일을 만나게 된다. 허망한 세상에서 이보다 더 중요한 일이 어디 있을까.

오늘날 감성의 시대에 피는 문화의 꽃은 다양하다.

과학기술이 예술과 합쳐져서 그 영역을 확장하고 있고 지성과 감성이 융합해서 놀라운 문화를 꽃피우고 있다. 과학기술의 무대는 서구가 선도한 것만으로 오인하기 쉬운데 이 점의 선구적 실행을 3000년 전 화약을 응용한 중국의 불꽃놀이를 들며 서양이 상상도 못할 기술로 밤하늘에 피운 찬란한 시각예술로 간주한 크뤼버 박사는 이를 일러 사람에게 시와 신비와 즐거움을 주게끔 발달된 기술을 사용한 최초의 경우라고 찬사를 아끼지 않았다.

과학기술은 인본주의적 입장으로 재해석되어야 하며 육체적 정신적 행위까지도 포괄하여 오랜 경험의 지식 혹은 육감까지도 포함된다는 것은 서구가 주목하는 동양의 정신세계, 동양의 신비주의, 선적(禪的) 경험, 혹은 직관의 세계 등이 이러한 부면을 확장 제시하는데 큰 역할을 할 것이라는 점을 시준해 준다.

비알레 씨는 과학을 인용하면서도 우주의 생명화, 생성과 사멸, 창조와 소멸의 동시적 현실과 상반된 모순을 포괄할 수 있는 동양의 선적 예감에 미래를 건다면서 극동의 정신적 메시지를 주목하고 있다.

이런 점에서 불교의 정신적 보고가 앞으로 예술과 현대문화에 미칠 영향을 가늠해 볼 수 있다.

불교의 삼법인은 제행무상, 제법무아, 열반적정인데 금강경에는 아홉 종류의 중생을 모두 남김없는 열반에 들도록 하리라는 마음 수행을 마음을 항복받는 큰 수행으로 꼽고 있다. 우리가 생물학적으로는 인간은 태생에 들어 태생 난생 습생 화생을 일차적으로 들 수 있는데 물질화되어 있는 중생, 없는 중생, 생각이 있는 중생, 없는 중생, 생각이 있기도 하고 없기도 한 중생을 모두 멸도하려는 마음을 갖도록 한 것을 보면 오늘날 생각의 패러다임이 확장된 세계를 보게 하며 마치 다중 우주의 한 생명현상을 연상케 한다.

우리의 고정된 작은 범주의 생각으로는 부처님이 말씀하신 세계를 다 상상할 수 없으며 우리의 감각기관의 인식으로도 다 사량할 수 없음으로 그 세계는 불가사의하다고 할 수밖에 없다. 우리가 보고 촉지하는 세계가 마치 오늘날 3차원 영상의 홀로그램 같다면 이미 부처님은 이제 올 문화의 세계를 이미 보고 계셨던 것이 아닌가.

실체와 환영의 경계가 무너지고 물질과 반물질의 경계도 없는 곳, 무한한 에너지와 파동이 흘러넘치는 곳에 예술은 어떤 모습으로 꽃을 피울까.

그곳에는 주체와 객체의 분별도 없고 창조자와 피 창조의 구별도 없어져 그 문화를 향유할 능력을 갖춘 자가 곧 창조자와 동격이 되는 것이다.

문화의 수준은 높아지고 다양해졌는데 그 가치를 판단하는 혜안이 부족하면 그 문화를 향유하지 못하고 자기의 그릇에 담지 못한다. 예술은 창조하는 높이만큼 그것을 알아보는 향유자의 눈도 높아져야 한다. 창조자의 몫이 반이라면 완상자의 몫이 반이 되어 비로소 완성된다는 것이다.

매번 올림픽 개막의 서전에서 그 나라 문화의 정수를 펼쳐 보이는데 다양한 영상기술을 동원하고 종합예술로서의 감탄을 자아내게 한다. 그 내용은 대개 그 나라의 전통을 현대적으로 해석한 것이다. 가장 개성 있는 지역의 특성이 세계적인 것으로 비추어지는 것이다.

오늘날 종교는 문화의 범주에 들었지만 기실 부처님의 가르침은 문화를 초월한다.

지금으로부터 2500여 년 전 동서의 성현들이 출현하신 시대를 차축시대라 한다. 이때로부터 인류 문명은 비로소 정신문화를 꽃피우기 시작했다. 각 지역의 문화권을 주축으로 그 지역의 정신을 계도하고 지역적인 한계를 초월하여 세계적인 것으로 확장되었다. 세계 종교로서의 면모를 갖추기까지 그 여정은 순조롭지 않았다. 그러나 이제 세계는 좁아지고 문화와 문명은 서로의 충돌을 넘어 하나가 되고 있다. 부처님은 나를 고집하지 말고 나의 본 모습을 들여다보라고 하셨다.

아름다운 정신은 승화된 정신이며 이 정신이 예술을 꽃피운다.

종교는 진이나 그 진에서 선이 나오고 미가 꽃핀다. 진선진미한 곳에는 나라고 하는 한 생각이 없으며 오직 모든 중생을 이롭게 하려는 보살의 발원만이 있을 뿐이다.

아름다운 우리 금수강산, 아름다운 풍토에서 꽃핀 우리의 정신문화, 높은 격조를 지녔던 방대한 우리의 불교문화유산, 앞으로 이 땅의 우리 불교문화예술이 아름답게 더욱 밝은 빛을 발하기를 발원한다.

백성욱 박사님에 대한 추모

–탄신 123주년 기념문집 「금강경 독송과 마음 바치는 법」(2020)

백 박사님에 대한 사량과 분별은 내 분외의 일이고 또 형용할 수도 없다. 다만 간접적으로 받은 영향과 간절한 추모의 마음으로 이 글을 쓸 뿐이다.

백 박사님을 처음 뵌 시기는 60년대 중후반 풍전상가의 삼보법회 때이다.

금강경을 독송하고 요체를 말씀하신 것 같은데 그때 내용은 생각나지 않지만 그 분위기에 감명을 받았고 더욱이 특이한 기억은 백 박사님 머리 위에서 아지랑이 같은 것이 피어오르는 점이었는데 눈의 착시인가 하고 몇 번 부비고 봐도 그렇게 보이는 것이었다. 그래서 옆에 같이 갔던 분에게 물어봤더니 그분은 그렇게 안 보인다는 것이다. 아마도 백 박사님께서 발하신 밝은 파장이 내 눈에 그렇게 보인 것이 아닌가 한다. 그 후에도 몇 번 내가 말씀을 들었는데 참 밝으신 분이구나 생각하였다.

그즈음 나는 정신적으로 이끌어 주던 간곡한 스승 두 분을 여의고 허탈한 상태에 있었기 때문에 특별히 새로운 스승을 찾아

나서겠다는 간절함이 없었다. 어릴 때부터 금강경 사구게 족자를 보면서 자란 나는 현상계가 덧없이 허망하다는 생각을 다시 한 번 절감했던 것이다.

이 후 결혼을 하고 새로 생긴 미술교육과를 하나 창설하는 소임을 맡고 강릉으로 가게 되었는데 경주에 계시던 어머님을 통해 김재웅 법사를 만나 금강경 정진과 바치는 법 수행을 하게 되었다. 내 나름대로 금강경을 안다고 생각했지만 수행을 통해 체득 실천하는 것이 중요하다고 생각했던 것이다. 그때는 혜화동 법당이 있는 때라 상경하면 들러서 정진을 하였는데 그 법당의 측면이 마침 장욱진 선생님 댁과 접해 있어서 종종 뵙고 사모님 진진묘 보살님과도 얘기를 많이 나누게 되었다

그 법당에는 김재웅 법사 외에도 이광옥 법사, 김정섭 법사가 있어서 대화를 많이 나누었고 강신원 강말원 보살 같은 이가 정진에 많은 도움을 주셨다. 더욱이 강말원 보살이 내게 주신 백 박사님의 금강경 해설집에는 경의 요체와 모든 수행의 실제가 다 들어 있어서 몇 번이고 읽으면서 백 박사님의 말씀을 익혔다.

한번은 내가 강릉에 내려가서 조형물을 급히 완성해야 할 일이 있어서 대학 작업실에 밤늦게까지 일하고 있는데 전화가 왔다. 장욱진 선생님, 진진묘 보살님과 이광옥, 김정섭 씨 네 분이 동해 호텔에 묵고 있는데 빨리 오라고.

나는 그저 바람 쐬일 겸 오셨나 해서 내일 아침 가서 뵙겠다고 말씀드리고 조력자와 작품을 늦게까지 마감한 후 다음 날 아침

에 가서 뵈었다. 그랬더니 백 선생님께서 강릉에 내려가라고 하신 뜻은 유 선생을 보라고 하신 것으로 알고 있는데 이제 오면 어떻게 하느냐고 하시는 것이었다. 얼마나 송구하고 계면쩍은지 나 같은 사람을 백 선생님께서 가서 보라고 하셨을까 하였다.

이후 꼭 뵈어야겠다고 생각하고 어느 날인가 날을 잡아 장욱진 선생님 댁을 찾아뵈었다. 그날은 진진묘 보살님도 큰 행사를 치르는 것처럼 나를 기다리고 계셨는데 김정섭 씨가 나를 안내하기로 하고 버스를 타고 동부이촌동 백 선생님 계시는 곳으로 향했다.

그런데 어떻게 환희심이 나는지 길가는 사람들이 다 해탈하는 것 같이 보이는 것이었다.

밝으신 이를 향한다는 것이 이런 것인가 하고 이촌동 아파트로 들어가니 보살님이 계셨고 백 선생님이 나오셔서 환희심이 나서 3배를 올렸다. 나는 그저 3배 올린다는 기쁨 외에는 다른 생각이 없었는데 한 말씀을 주셨다.

"자기 생각은 무엇이든지 부처님께 바쳐라. 지극히 바치면 나중엔 자기가 무엇을 하고 있는지도 모르게 될 것이다. 그때 우주와 하나가 된다."

그 말씀을 듣고 환희심 내서 혜화동으로 돌아왔는데 진진묘 보살님은 마루에 앉아 계시다가 가서 무엇을 여쭈었느냐고 궁금해 하신다. 나는 여쭐 말이 하나도 없어서 공경심으로 말씀만 듣고 왔다고 했더니 무릎을 치시면서 우리도 그랬어야 하는데 무엇을 자꾸 여쭈어 듣기를 원했다고 그러시는 것이었다.

그리고 84년에 중앙대에 조소과 창설의 소임을 맡고 올라오게 되었는데 그해 겨울은 강신원 보살이 새벽 2시면 내 논현동 집의 초인종을 눌러 그 차를 타고 영락없이 혜화법당에서 새벽정진을 하곤 하였다. 백 선생님도 가끔 주석하신 법당에서 금강경 7독을 하고 바치는 기운이 참으로 좋았다.

이후 언젠가 전생을 보게 되었는데 처음엔 너무 놀라서 며칠간 말도 하지 못했다. 백 선생님께서는 이런 것도 미리 다 보셨을까. 조선 초 혼란한 왕조의 악역 이방원이었다. 성군은 배출되었지만 그 후 역사 속에 맡은 소임은 다 중생놀음이고 그때에 필요했던 연출이었을 뿐이라고 생각하고 많이도 바치며 정진하였다. 얼마나 업장이 소멸되었을까. 바치고 또 바칠 뿐이다.

혜화법당에서는 나도 법문을 하라고 해서 하게 되었는데 나중엔 금강경 강해를 계속해서 하는 것이 낫겠다 싶어 그렇게 하게 되었고 보살들이 녹음한 것을 한 20년 모아서 「오늘의 금강경」이라는 강해집도 내게 되었다. 매년 되풀이되어도 그것은 오늘에 살아 있는 오늘의 금강경이라는 뜻이고 또 오늘의 얘기가 반영되었기 때문에 그 순간은 같지가 않을 것이다.

뉴욕과 LA에서도 몇 번 법회를 가졌는데 한번은 LA에서의 한 보살이 내가 법문 중 문득 엄지를 만난다는 얘기를 듣고 내 문도이었던 자기 전생을 보고 또 백 선생님도 뵈었다고.

이라크 전쟁 개전 날 생각하는 바가 있어 뉴욕 법당을 갔는데 법당에서 자꾸 기침이 나기에 들여다보니까 부시 대통령과 후세인의 업보가 꾸짖는 마음이 되어 기침이 나는데, 많이 바치게 되었다. 그래도 후세인의 업보가 좀 옅어져서 죽기 전 다국적군을 미워하지 말라는 말까지 했다고 한다.

또 금강경의 요체와 수행을 교불련 논집 초기에 실었는데 이것을 독일어로 번역해 뮌헨 근교 란스버그 가톨릭 재단의 수행처에서 법회를 열었는데 모두 가부좌하고 미소 띤 외국인의 모습이 얼마나 경건한지 놀랐다.

또 벨기에 운하도시 브루지에서도 그랬고 종교적 정신적 자세가 진지하였다.

그곳에선 호텔을 마다하고 어느 신도의 집 지붕 밑 방에서 잤는데 새벽에 지붕 위의 새들이 지저귀는 것을 이상하게 알아들을 수 있는 것 같아 신기하였다.

그리고 아씨씨의 프란치스코 성인을 생각하였다.

세상의 모든 유정 무정과 통화할 수 있는 것을 사람들은 왜 잊고 있었을까 하고 오히려 지난 미혹을 성찰하였던 것이다.

세상에 밝은 도인이 출현한다는 것은 그 민족 그 나라의 다행만이 아니라 인류의 다행이며 지복이다. 그로 인해 문화 역사는 끝없이 새로워지고 상승하는 것이다.

나는 감히 백 선생님을 그런 분으로 숭앙한다. 좋은 선지식을 만나고 밝은 도반을 만난다는 것은 가치 있는 삶을 살게 되는 그

생의 복이요 선근의 은덕이 아닐 수 없다.

금강경에 이 경을 만나는 인연이 일불이불삼사오불이종선근(一佛二佛三四五佛而種善根)이라 하지 않았는가.

이 오탁악세에서 밝은이를 만난다는 것이 어찌 그 생의 우연한 복이겠는가.

이 어려운 시대의 수행법을 가장 간편하게 제시해 주신 선생님의 은덕을 무엇으로도 다 갚을 수가 없다.

오직 인연 닿는 모든 이가 모든 업보 업장을 해탈하고 신신발심(信心發心)해서 이 수행으로 밝아지기를 발원할 뿐.

처음 접하는 이 중에는 바치는 법을 어느 정도 이해하게 된 다음에도 왜 하필이면 미륵존여래불이냐고 묻는 이가 있다. 물론 백 선생님께서는 그것도 분별하지 말라, 저절로 알아질 때까지 바치라고 말씀하셨지만 저번에 한번 그 질문을 받았을 때 나는 이렇게 대답하고 싶었다.

마이트레야(Maitreya, 미륵)의 원뜻은 사랑(慈氏)이고 이제 오는 세상은 비(悲)가 적은 사랑만으로 이루어지는 밝은 세상이고 다음은 그것이 가져오는 평화(平和)이며(근원적인 자유와 해탈의) 이것은 약속(맹약)이라고.

사랑과 평화와 약속의 부처님이기에 석가여래의 마음 가신 오늘의 부처님이시라고.

백 박사님께서는 김재웅 법사의 안내로 경주에 가셔서 대덕당 보살을 제도하시기 위해 공양을 받으시고 긴긴 전생의 이야기를 끝없이 하셨는데 체루비읍이 되셔서 그것을 다 기억하지 못하시는 것이 아쉽다. 그리고 삼국을 통일한 분이 법이 서야 나라가 통일된다는 말씀을 그 이전에 하셨다는데 과연 누구를 가르치신 것인지.

어머님의 발원문에 단석산의 돌 하나를 갖다 놓고 당신이 비록 미급하지만 원효대사와 같은 대 성사나 김유신 장군 같은 큰아들을 점지해 주시기를 발원하고 기록한 작은 수첩을 본 적이 있는데 과연 그 뜻이 이루어졌을까 생각했고 더욱 나는 예술가이니 무장과는 거리가 멀다고 생각했는데 언제인가 누가 내가 김유신 장군이었다는 말을 들은 적이 있다. 처음에는 설마 그러랴 했는데 언제부터인가 그럴 수가 있겠다는 생각이 들었고 김유신 장군에 관계되는 많은 사실을 알게 되었다. 그 누이 문희의 장남 법민이 문무대왕이 되고 호국 용이 될 것을 발원한 것에 깊은 감명을 받았고 그 화장터와 대왕암과 감은사 탑도 참배하였다.

그러나 그는 우리나라가 제대로 통일이 안 되었다는 생각이 들었는지 삼국통일이 된 80여 년 후 백제에 미안했던 마음으로 그 땅의 아사달로 태어나 불국사의 다보탑과 석가탑을 조성하고 백제의 뛰어난 예술혼을 선양하는 역을 맡았던 것이다.

이는 진진묘 보살님과 그 친구 홍묘법장이 27세가 된 내게 전한 이야기인데 아사달이어서 이생에 조각을 하는 것일까 하였다.

백 선생님께서는 이 인연까지 다 보셨을까. 이 이후 백 선생님을 모시고 오신 정 여사님께서는 어머님이 평양여고 선배시라고 안성 정진소에 있을 때 몇 번 찾아오셨고 내가 백 선생님 손실된 대성사 위의 사리탑을 중수하는데도 큰 의뢰를 했던 것이다. 그때 사리탑과 비문이 큰비와 사태로 손상되어 대성사 한쪽 뜰에 쌓아 두었는데 어찌할 바를 몰라서 시간만 가는 터에 그것을 중수하는 일이 내 소임이구나 깨닫고 발원하여 정 여사님께서 근처의 돌 공장에 들리셔서 석공장을 데리고 오셨고 그 사람과 의논하여 중수할 부분을 어떻게 교체할 것인가 점검하고 비문도 기존 글자를 그대로 살려 깨끗이 다시 각인하였던 것이다.

사리탑 장소는 여러 사람의 의견을 들은 다음 소사도량의 지금 장소에 안치하게 되었는데 백 선생님께서 마음에 두셨던 곳으로 환지본처하여 돌아오셨구나 하였다. 백 선생님 열반일 때마다 독송회에서 찾아뵙고 경 일독하고 바치고 경배하는데 중수한 부분이 잘 모르도록 이제는 자연스럽게 보여 감사한 마음뿐이다.

동국대학 위 남산자락에 모셔진 손혜정 선생님 사리탑은 올라가는 길과 주위 정비를 좀 해야겠다고 해 그때 어느 보살이 나무를 대고 나도 마침 도반 김정호 사장 덕분에 맡은 조형물에서 일봉을 할 수 있어서 환희심 내어 조력했는데 어느 날 새벽정진을 하는 가운데 범종 소리를 듣게 되었는데 내 몸이 종이 되고 진동파장이 내 속에서 울려 나오는 체험을 하고 놀랐는데 백 선생님께서 종소리가 밖에서 들리지 않고 제 속에서 들리면 탐심이 해탈된 줄 알라고 하신 말씀이 그런 것인가 하였다.

금강경에 피비중생(彼非衆生)이며 비불중생(非不衆生)이라 하였는데 그때가 피비중생인가 하였다. 그 보시공덕으로 이 못난 사람의 무시겁 탐심이 해탈되었다면 그 순간만이라도 얼마나 감사한 일인가.

그러나 다시 비불중생(非不衆生)이 되었으니 중생의 습기와 껍데기는 쉽게 벗을 수가 없나 보다.

백 선생님과의 보이지 않는 교화의 영향은 더 이전으로 거슬러 올라가 금강산 수도하신 때와도 연루된다. 그때는 대방광불 화엄경 정진을 하게 하셨는지 부친이 가정교사를 하실 때 그 집 아들이 금강산에 다녀와서 교화를 받고 대방광불 화엄경 염창을 하라고 해서 부친이 해 보니까 좋더라고 하셔서 나도 혼자 있을 때나 길을 갈 때 대방광불 화엄경을 염송하면서 좋아했던 것이다. 그때는 부처님 세계의 광대한 우주가 시원하게 전개되는 기분이 들었다.

그 후 논현동에 있을 때인가 손혜정 선생님과 백 선생님을 친히 아시는 어른을 만나서 종종 애기를 듣고 또 동국대학교에 계실 때 연관된 애기도 들었다.

동국대 장한기 선생님과는 백 선생님께서 삼세인연이라고 하셨다는데 김동규 선생께서 소사에 정사를 마련하셨을 때 금강경 이야기책을 소개한 인연으로 그 내조의 백경남 교수와 동참했고 그 후 장 선생님의 광화문 오피스텔에서 정기적으로 점심도 하고 바둑도 두었다.

백 선생님 법으로 내가 부처님 시봉을 하게 된 인연은 다 말할 수 없으나 그중에도 교불련과 인연을 맺은 것이 이 법의 법사 김원수 교수와의 연이었으니 창립 때부터 동참하게 되어 지금까지 30년을 노심초사하고 보람도 느꼈으나 이젠 마음을 내려놓고 회향하였다.

나는 지금 행복하다.

백 선생님 법으로 인연 맺은 많은 도반, 정천구 교수, 윤근향 보살, 김양경 선생, 정재락 교수, 이선우 씨를 비롯한 도반과 송석구 총장, 송재운 교수, 이건호 씨와 또 교불련에서 영입된 새로운 교수도반들이 백 선생님 법 연구원을 만들어 학술대회를 열고 그것을 결집하는 계기를 만들었으니 얼마나 고마운 일인가.

이 법은 넓리 홍보되지 않더라도 사가이면면 불가이근근(斯可以綿綿 不可以勤勤) 백 선생님 수행지침처럼 이어지리라 믿으며 또 이 법에서 많은 밝은 이들이 나와 요익중생하기를 발원한다.

김종영 선생님을 추모하는 글

–1982년 선미술

우성 김종영 선생님께서 홀연히 타계하셨다.

선생님을 존경하고 흠모하는 많은 제자들과 사랑하는 가족과 아끼고 존중하던 예도(藝道)의 동호인들을 그냥 남겨 두시고 홀연히 가셨다. 조각계의 큰 별이시던 선생님께서는 영원한 사랑과 평화와 안식의 나라로 가셨다.

선생님은 여러 가지로 할일이 많았던 이 땅의 조각계에 선구자로서의 초석 같은 분이셨다. 유능한 후진을 양성하는 미술교육자로서도 보람 있는 일생을 마치셨다. 선생님의 일대기에 대해서는 너무나 잘 알려져 있는 사실이므로 여기서는 한 제자로서 선생님의 면모에 대한 몇 가지 추모를 올리려고 한다.

그분은 과묵하셨고 소탈하셨으며 간결하고 과장되지 아니하신 말씀으로 깊은 의미의 뜻을 깨우쳐 주신 선생님이셨다. 강직하고 엄격하시면서도 항상 여유와 따뜻함을 지니셨고 유모어를 잊지 아니하셨다. 제자의 한 사람으로서 멀리서만 늘 존경하고 흠모해 오던 필자의 이 글이 혹시 그 고매하신 인품이나 항시 쌓고 닦으시던 그 고결한 세계에 만의 하나라도 티 되는 일이 있을까 송구스러울 뿐이다.

필자가 대학에 입학했을 때는 4 · 19가 일어났고 다음 해에는 5 · 16이 있었던, 이 땅의 격동기였다. 당시 서울대학교 미술대학은 법과대학과 함께 동숭동에 있었는데, 4 · 19 때는 법과대학의 격앙된 논리적 성토에 미술대학생들의 민감한 감성이 고조된 반응을 보이던 시절이었다. 그때 선생님께서는 미술대학의 학생과장 보직을 맡고 계셨다. 학생들의 동요나 감정이 격렬하던 시기였다. 그래서 선생님께서는 어려우심도 많으셨으리라 생각된다. 그러나 이러한 시세와 와중 속에서도 선생님에 대한 인상은 늘 꼿꼿하시면서도 담담하셨고 세상의 어려움을 겪으시면서도 그것을 밖으로 드러내 보이는 일은 없으셨다. 학생 한 사람 한 사람을 사랑으로 초연히 대해 주신 인품은 인위적인 수양보다 당신의 근원에서부터 우러나오고 형성되는 자연스러운 한 천품인 것이었다.

실기 수업시간의 선생님께서는 복잡하고 말을 어렵게 하신 적이 별로 없으셨다. 늘 담담하셨고 해학 어린 말씀으로 학생들을 스스럼없이 대해 주셨다. 무슨 권위라든가 위엄이라고는 전혀 차리지 아니하시고 가끔씩 웃음바다를 만드셨으며, 표피적인 기교보다는 본질적인 깨우침을 스스로 일깨우게 했던 선생님이셨다. 당신이 아무리 우스운 말씀을 하셔도 거기에는 범접할 수 없는 순수함을 늘 품고 계셔서 그 간결하고 단도직입적인 표현은 학생들의 인상 속에 오늘까지 살아서 남아 있다.

선생님께서는 제자들의 주선으로 1975년 회갑기념작품전을 신세계미술관에서 가지셨고 80년 현대미술관 초대회고전을 가지셨다. 이 기회에 그동안의 작품들을 총정리한 작품집을 내셨다. 이 책이 선생님의 일대기와 함께 예술과 인생을 기록으로 남기게 되었다.

필자가 선생님의 예술에 대해 논함은 분외의 일이지만 전기한 선생님의 어록 속에 "예술의 목표는 통찰"이라고 하신 말씀이 있다. 이 말씀은 예술을 대하는 선생님의 자세이시자 구체적 표현에 이르는 작품의 근간, 곧 당신의 조각관을 말씀하심이 아닌가 생각된다. 그것이 인생과 자연에 대한 것이든, 사물에 대한 것이든, 그 구조와 질서에 대한 것이든, 깊은 애정을 가지고 통찰하시고 그 통찰의 결과가 가장 간결하게 정제된 표현으로 나타났으며 그렇기 때문에 이 말씀에서 농축된 밀도를 느끼게 된다.

통찰은 혜안으로부터 싹트고 혜안은 영혼의 가장 근원적인 순수함으로부터 출발한다고 한다. 통찰은 통찰 자체를 초월하는 힘을 가지며 밖으로는 쉽게 드러나지 않지만 생 자체를 빛나게 한다. 선생님의 통찰은 이미 선험적인 선생님의 체질에서부터 발효된 것이며 그것은 당신의 삶이나 동양적인 전통의 한 근원에도 연루되는 것은 아닌가고 생각해 본다. 또 이것이야말로 인류의 문화적 성격의 한 근원일 것이라 생각해 본다.

선생님께서는 스스로 각도인(刻道人)이란 용어로 자신을 이름하셨다. 그래서 선생님이 제작하신 목조나 석조작품은 바로 '각도인'이란 뜻의 외연일 것이라고 생각해 본다. 예술을 한다는 건 인내한다는 것일 테고 학습과 수련을 쌓는다는 것이며 자제력을 기른다는 현상으로부터 우선 제기된다고 생각된다. 가령 한 조각가가 조각을 한다는 건 돌이나 나무 혹은 철제 같은 물질을 다룬다는 뜻이며 이 경우 물질적 지식이 조각을 제작하는 선행조건이 된다.

그런데 이러한 개인의 인식이나 재능이 사회적인 관례로서의 어떤 계급의식에 의해서 부당하게 천대받았던 불행한 인습을 우리는 가지고 있다. 그림쟁이니 돌쟁이니 하는 직업들이 그것이다. 이것은 예술의 본질적인 성질이나 형식의 가치를 이야기한다기보다 사회적 계급이라든가 예술을 대하는 태도의 차이에서 야기되었던 현상이었다고 생각한다. 예술은 원래 도덕적이고 심미적인 세계관으로부터 동시에 생각할 수 있는 인간의 정신적 지식의 내용을 포괄하는 뜻이며 사회적이고 정치적인 계급의식으로부터는 자유로운 것이었다.

선생님이 스스로를 '각도인'이라고 지칭하신 건 이러한 예술을 대하는 태도를 근원적으로 시사했던 것으로 생각해 본다. 그것은 도덕적 감성이 점차 물질적 감성으로 하락되고 예술을 정치적 관철의 도구 내지는 수단으로 차용하거나 또는 사회적 표식으로서의 어떤 권위로 위장하려는 현세적인 속물근성에 대한 당신 나름의 경고 같은 뜻으로도 받아들여진다. 즉 '각도인'의 '각'은 정신노동의 형식으로, '도'는 정신질서의 회복으로서 이것을 종합 통일하려는 '인간'으로서의 자신을 뜻했던 것이 아닌가 하고 생각해 본다. 그리고 이것이 바로 예술의 목표는 통찰이라고 하신 말씀이었던 것으로 본다.

필자도 대학 시절 대리석 작품에 몰두한 적이 있었다. 당시의 필자는 자신이 몰두하는 현상을 도(道)라고 비겼고 깊은 정신적 유열을 필자 나름으로 느꼈던 것이었는데, 여기에는 '각도인'으로서의 선생님의 영향이 은연중에 작용했던 것으로 생각한다.

필자가 졸업할 무렵의 서울 미대는 당시 수의과대학이 있던 동숭동으로 이사한 때였다. 여기서 필자는 대리석을 열심히 쪼았는데 공교롭게도 그 장소가 선생님의 연구실 앞이어서 가끔 내다보시고 때로 들어오라 하셔서 선생님의 시중을 들었던 것이다. 각도인이라는 아호는 마음속 깊이 새겨지게 되었고 선생님은 지금의 삼선교로 집을 옮기셨던 시절이다.

천주교의 장례식으로 거행된 선생님의 영결식에서 전 미대학장이셨고 동료교수이시던 박갑성 선생님의 추도문이 대독되었다. 화가들의 '화백(畵伯)'이라는 칭호를 빗대어 '각백(刻伯)'이라고도 하셨던 선생님을 마지막으로 보내는 자리에서 박갑성 선생님은 '刻伯'이라는 글자를 '覺伯'으로 바꿔야 하겠다면서 고인의 넋을 불렀을 때 필자는 이루 형용할 수 없는 감회를 느꼈다. 刻이 覺으로 이르는 도정이야말로 바로 선생님의 생애였고 선생님의 생애는 바로 이것을 실천했던 산 본이었다고 필자는 믿고 있다. 아니 이러한 믿음은 선생님 같은 본에 의해서 확인하게 되었다는 게 말의 순서일 것이다.

선생님의 어록 가운데는 역사적 자각으로서의 부단한 반성과 함께 전통은 시간과 공간을 초월한다는 구절이 있다. 이 말씀을 필자는 새로운 탄생과 인격의 형성을 뜻하는 것으로 해석하고 있으며, 예술 창작은 초월적 행동이며 그것은 피초월체에 대한 깊은 이해와 통찰에 의해 이뤄지며 거기에는 성실과 사랑의 노력이 수반되어야 한다는 것으로 받아들이고 있다. 그리고 선생님의 뜻인 초월은 여러 가지 다양한 예술의 규범을 초월하고 시대를 초월하여 궁극에는 예술 그것을 초월한다는 말씀이라고 생각해 본다. 그야말로 刻의 시원이 여기에 열려지는 게 아니겠는가고… 말 대신 눈으로 말씀하시기를 일상처럼 하시던 그 삶의 분위기가 새삼 되살아나는 듯만 싶다.

그리고 이 가장 진실인 궁행(躬行)을 이렇게 말씀하셨다.

"예술가는 누구나 관중을 염두에 두게 되며 예술가가 생각하는 관중은 시대와 지역을 초월해서 많고 넓을수록 좋다. 그러나 진정한 관중은 자기 자신이다. 왜냐하면 자신을 기만하면 관중을 속이는 것이고 그만큼 관중에게 불성실하게 되기 때문이다."

예술가가 할 수 있는 말 가운데서 이 이상 성실하고 정직한 말이 또 있겠는가고 필자는 생각하며 언필칭 예술가임을 자처하는 사람이면 누구나 공감할 말씀을 선생님은 남기셨다.

예술가란 한 개별의 현상이며 창작이 개성적이라 함은 그것이 무엇으로도 분해될 수 없는 한 개인에 의해서 창작되는 것이기에 그럴 것이다. 그러나 이러한 개별이 마치 세습적인 권위인 양 특권의식으로서의 예술가 상으로 남용되는 경우를 우리는 자주 보게 된다. 그래서인지 생전의 선생님은 예술을 개인적 표식으로서의 신화로 받아들이는 것을 은연중에 기피하시는 것 같았다. 도대체 개성이니 유일성이니 하는 말을 입 밖으로 내신 적이 없었다. 그런데 이러한 선생님의 작품에서 어떤 개별의 양식(스타일)을 감지하게 되고 한 완성자의 숨결을 느끼게 됨은 왜 그럴까? 생각되기를 선생님의 작업은 외형적인 조류에 동요됨이 없이 선생님께서 하고 싶으신 일을 성실하게 이행한다는 과정이었으며 선생님 자신의 세계가 필연적으로 구현되었던 때문일 것이다.

이러한 선생님이 세속적인 혈안의 예술가들에 의해서 뜻밖에 곤욕을 당하셔야만 했던 그야말로 전대미문의 어처구니없는 일이 있었다. 그것은 선생님이 전 생애를 통해서 유일하게 제작하셨던 파고다공원 안의 3 · 1독립선언기념탑이 하룻밤 사이에 철거되어 없어진 괴이한 사건이었다. 선생님의 이 작품은 국가에서 의뢰했고 국가적 규모로 제막식을 가졌던 뜻 깊은 기념비상이기도 했다. 그것이 하룻밤 사이에 자취도 없이 사라져 버린 것이다. 어이없는 이야기가 아닐 수 없으며 인간의 상식을 벗어난 일이었다. 필자가 학생 시절이던 1960년대 초 이 기념상을 제작하시느라 작업에 몰두하신 당시의 정경이 지금도 필자의 마음속에 살아 있다. 그렇게 애쓰시고 심혈을 기울이신 그 작품….

학의 천품을 타고 나신 선생님에게는 이것은 충격이 아닐 수 없었다. 아니 오히려 내재적으로 더 컸으리라고 생각된다. 어째서 이런 야만스러운 일이 있을 수 있다는 건가. 당시의 인고가 얼마나 크셨을까 울분을 못 참는 많은 제자와 공분의 사람들이 서울시에 진정하고 노력했지만 지금까지 복원되지 못하고 있다.(이 조각상은 그 후 1991년 서대문 독립공원에 복원되었다. 헐린 지 12년 만이었다.) –생략–

지난 12월 17일 눈이 쌓인 용인 천주교당 공원묘지로 선생님을 운구하고 영별의 흙 한 삽을 뿌린 제자들이 사모님과 유족들을 다시 찾았을 때 김세중 선생님은 그 자리에 이러한 인상 깊은 말씀을 남기셨다.

"선생님은 아주 돌아가신 게 아닙니다. 선생님이 가르치신 수많은 제자들이 배운 바를 이행하고 다시 후배들에게 전달하며 그렇게 전수되는 것이니 선생님은 살아 계신 거나 다름없습니다."

선생님의 말씀대로 "인생은 한정된 시간에 무한의 가치를 생활하는 것"이며 "성실과 사랑의 노력이 수반되어야 이루어지는 초월의 세계"에서 영생하신다고 필자는 믿고 있다.

전기한 3 · 1독립선언탑의 복원안이 국회의 결의를 얻었다고 들린다. 살아 있는 우리들의 일이 여기서부터 실천적으로 이루어져야겠다. 존경하는 선생님 고이 잠드소서….

김익진 선생님과 서연봉 거사님

나는 4.19 나던 혼란기의 60년에 서울대 미대에 입학했는데 미대가 동숭동 법대 옆에 있어서 데모의 선동은 법대의 열변가가 하고 맨 앞에 뛴 사람은 미대가 아니었나 생각한다. 이것은 내가 원본사진을 가지고 있는 4.19 기념 우표에 나타난다. 거기 스크랩을 짜고 뛰고 있는 몇 명의 학생이 미대 선배였다. 그날 의사당 앞을 거쳐 청와대 앞까지 달려갔는데 실탄사격이 있을 줄은 몰랐고 한 여자 선배가 죽었지만 생각만 해도 가슴이 서늘하다.

이후 데모가 계속되어 1학년이던 나는 구름다리 너머 문리대 본부에 가서 농성을 하게 되었는데 염증이 났고 답답한 마음을 트이게 할 양서를 찾아 문리대 도서관을 갔다가 열람목록에서 「동서의 피안(Beyond of East and West)」이란 책명에 이끌리게 되었다. 그것을 신청해서 서문을 읽어 보니 답답하던 가슴이 트이고 광활하고 심오한 문장에 감명을 받게 되었다. 그 책은 바로 김익진 선생님이 중국 오경웅 박사의 책을 번역한 서문으로 책명 그대로 동서가 피안에서 만나는 바 동양사상과 서양이 높은 종교적 차원에서 소통되는 길을 제시한 글이었다. 당시 나는 불교에 깊이 심취해 있었는데 가톨릭을 동양사상으로 조명한 이 책을 통해 김익진 선생님을 뵈어야 되겠다는 생각을 하게 되었고 이분을 정신의 한 스승으로 삼고 싶다는 생각도 들었다.

이후 ROTC 장교로 군 복무를 마치고 대구에 1년 동안 가 있게 되었는데 그때 김익진 선생님이 대구에 계시다는 것을 알게 되었다. 그것도 국회의장을 하셨던 이효상 씨가 살던 집에 계셨는데 좋아하실지도 모를 약주를 한 병 사들고 세 번이나 찾아뵈어 겨우 뵙게 되었다. 어떤 청년이 찾아왔었다는 얘기를 미리 들으셨는지 들어가자마자 야단을 맞았는데 근 30여 분간 여러 측면에서 청년세대가 들어야 할 부족한 점을 지적하셨던 것 같다.

그러고는 따라오라고 하시면서 골목으로 해서 어디로 데리고 가셨는데 어느 집 대문에서 주인을 부르니 호걸같이 생기신 도인이 나오셨다. 그러고는 다짜고짜로 내 젊은 친구 한 명을 데리고 왔다고 하시는 것이었다. 인사를 올리고 들어가 좌정하고 앉았는데 몇 가지를 질문하시고 흡족하셨는지 세 친구가 모였으니 축연으로 삼학 소주 건배를 하자고 주안상을 마련하셨다.

그때 나는 20대 중반이고 환갑을 넘기신 듯한 두 어른이 친구라는 말씀을 하시는 바람에 처음에는 송구스럽고 얼떨떨하였다. 그러나 그때 나는 워낙 정신세계에서 갈망하는 바가 컸기 때문에 이 어른들의 세계가 참으로 멋있게 느껴졌다. 김익진 선생님은 가톨릭이시고 소개하신 어른은 불교의 거사님이시니 그 자리가 바로 동서의 피안이구나 하였다. 서로 호를 부르기로 하였는데 김익진 선생님은 야청(也靑)이시고 거사님은 연봉(硏峰)이셨는데 내 호를 물으시기에 강(江)을 넣어서 하나 지어 주십시오 하고 여쭈었더니 두 분이 함께 갈지를 붙여 주셔서 지강(之江)이 되었다. 그 자리에서 고담준론을 듣고 환희를 느꼈는데 이후 연봉 거사님은 그것을 법명으로 하자고 하여 동화사의 서운 스님을 찾아 뵙고 오계를 받고 법명을 지강이라고 받게 되었고 이후 지강 거사라고 불리우게 되었다.

동서의 피안은 실행으로 옮겨졌는데 초파일 행사에는 김익진 선생님이 참여하시고 성탄절에는 갈멜 수도원의 미사에 연봉 거사님과 참여하게 되었다. 그때 그 수도원에 젊은 불란서계 중국 신부님이 계셨는데 찰리스 매우스를 차매우(車梅雨)라고 이름하셔서 차와 유는 종씨라고 나와는 종친이 되었다.

김익진 선생님은 언어에도 능통하셔서 이후 오경웅 박사의 「내심낙원」을 번역하셨는데 그때 교정본이 필요하셨는지 나한테 한 번 해 보라고 하시는 것을 그런 실력이 못 된다고 사양하였다. 동서의 피안은 7개국어로 번역되었고 내심낙원도 그에 준했으리라고 생각되는데 문리대를 졸업해 루뱅에 가 있던 남기영 씨가 조역했고 나는 한문이나 영불 실력이 한참 못 미치고 가톨릭에 대한 공부도 그러해서 언감생심 교정은 분 외의 일이었다. 더욱이 동서의 피안 조역자이신 변규룡 박사는 불란서에서 박사학위를 이종이나 받으신 분이셨다.

그 덕에 나는 가톨릭에 대한 공부를 많이 하였고 공선(公禪)을 제창하신 토머스 머톤 신부의 저서도 알게 되었다. 그 칠층산과 유거사상의 영어본이 영향을 주기도 하였다. 불교와 가톨릭의 정신세계나 수행이 만날 수 있는 가교가 구체화되는 느낌이었다. 내심낙원(內心樂園)의 삼정애도는 선가의 점수수행에 근접되며 거비정화(去非淨化) 진덕명화(進德明化) 신인일화(神人一化)의 점진적 단계가 깨달음의 세계에 이르는 훌륭한 지침으로 생각되었다.

이것은 이후 금강경 독송의 수행에도 조급하지 않은 한길을 연결시켜 주었다.

이 외에도 성 프란시스코와 지오토의 작품에까지 식견을 넓혀 주셨고 또 67년 대구에서 가졌던 첫 개인전에 평까지 매일신문에 써 주셨다. 그리고 그때 부모님이 경주에 계셨음으로 제야의 종, 봉덕사 신종을 듣는 의식에도 연봉 거사님과 함께 참여하였고 그 종소리에 한없는 환희를 느꼈다.

연봉 거사님은 젊은 나를 애인이라 부를 정도로 좋아하셨고 당신의 연조에서 돌아가며 만나는 모임에도 나를 끼워 주셨다. 그때 각각의 일가를 이루신 분이 많았는데 그중에 호호사상(好好思想)의 청파 거사님, 에스페란토 회장님, 내가 제창한 불성 에너지론에 동조하셨던 세야(世也) 박사님, 또 여러분들이 한 달에 한 번씩 자기 이설(理說)을 발표하고 얘기를 나누었다. 실로 20대의 나로서는 더할 나위 없이 환희심 나고 정신적으로 충만한 때이었다.

이후 나는 곧 상경하게 되고 연봉 거사님도 직무를 끝내시고 원래의 자택인 장충동으로 상경하셨는데 그때 말죽거리에 한 정사를 갖고 계셔서 종종 가게 되었고 금강경 레코드를 트시고 법담을 나누시곤 하였다. 한번은 바람에 나무가 춤추듯 흔들리는 것을 보시고 뭐라고 법문하는가 하고 물으시기에 여시 여시라고 합니다 했더니 무릎을 치시면서 좋아하셨다. 또 한 번은 북한산 등산을 함께하셨는데 둘이서 자기 호를 외쳐 누가 멀리까지 메아리치는가 해 보자고 하셨는데 어이 결과가 났는지 기억이 안 난다.

동화사에서 수계를 받고 법호를 받을 때에는 뒤에서 시립하셔서 지강의 호법신장을 자청하셨다. 계를 받고 시중으로 내려오는 길에 어떤 이가 다람쥐를 쳇바퀴 돌게 하는 것을 보시고 나더러 무슨 생각이 없냐고 하시기에 언뜻 알아듣고 다람쥐를 사서 놓아 주었는데 그 다람쥐가 가면서 내 살을 물어뜯고 가기에 어떻게 놓아 준 사람을 물고 가지요 하고 물었더니 그것이 살아가면서 교훈이 될 테니 잘 생각해 보라고 하셨다. 이후 나는 공업(公業)이라는 것을 생각하게 되었고 다람쥐가 나를 물고 감으로써 인간이 지은 업을 내가 받았구나 하고 깨닫게 되었다. 이후 대소 재앙은 다 인간이 자기를 성찰하는 계기가 되어야 한다고 생각하게 되었다. 업장을 소멸하려면 얼마나 밝아져야 하는가를 알게 되었다.

연봉 거사님은 본명이 서성규 씨로 일본 중앙대 법대를 나오셔서 한전 간부로 은퇴하셨는데 카메라에도 조예가 깊어셔서 아사

히펜탁스 잡지 시리즈를 내게 전해 주시기도 했다. 그리고 다음 생까지 연을 맺자고도 하시고 오래지 않아 작고하셨다.

사모님이 불자 의식으로 장례를 치르고자 하는데 나더러 주관하실 스님을 모시라고 해서 마침 내게 법호와 수계를 주신 그때 동화사의 서운 스님이 봉은사 주지 스님으로 계신다는 것을 듣고 뚝섬에서 나룻배를 타고 봉은사를 찾아가 뵈니 흔쾌히 승낙하셔서 화장하고 조계사에서 의식을 거행하셨다. 그런데 화장할 때 그 기운이 얼마나 활기차신지 그 기운이 우주로 확산하는 듯 느껴 시를 썼는데 고인에 대한 애도가 아니라 신생의 기운으로 활력에 넘치는 환희의 표현이 되었다.

이후 대구에 들러 김익진 선생님을 뵈오니 “벗이 갔으니 나도 가야지.” 하시드니 일 년쯤 지나 문득 찾아뵙고 싶어 들렀는데 마침 운명하셨다고 가족들이 들어오라고 해서 들어갔는데 덮었던 흰보를 제껴 뵙게 되었다. 그때 얼마나 평안하게 임종하셨는지 화안이 감도는 존안을 뵙고 깊은 감동을 받았다.

아 아, 정신적으로 높은 경지에 노니시던 어른은 이렇게 임종하시는구나 하였고 이후 더욱 존경하는 마음을 갖게 되었다. 동서의 피안 내심낙원을 실행으로 보여 주신 어른을 20대에 모신 행운을 평생 잊지 못할 것이다. 그해가 1970년이고 김익진 선생님은 스스로를 이끼야(也)를 붙여 야인이라 하셨으며 북경대학을 나오셨고 맞형이 김우진 씨로 윤심덕과 사(死)의 찬미를 현해탄에서 나누신 극적인 분이시다.

윤경열 선생님을 회고하며(2010)

내 정신사에 빠질 수 없는 한 공간을 차지하고 계신 분이 윤경열 선생님이신데 이는 내 청년기에 교감할 수 있었던 가장 순수하고 영감어린 정신적 공간으로 남아 있기 때문이다.

그 시절 나는 대학생이었고 사업에 실패하신 부친께서 칩거와 소생의 장소로 택한 곳이 경주였기 때문에 돌아가실 뻔했던 어머님이 살아나신 것만으로도 나는 너무 감사했고 연고가 없는 경주에서 방학 때가 되면 윤경열 선생님 같은 분을 만나 신라의 유적을 통한 정신적 말씀을 듣는 것만으로도 너무 행복했다.

소탈한 모습으로 박물관 학교에서 열강을 하시고 우리의 정체성과 문화의 정수를 깨우쳐 주시기 위하여 애쓰시는 모습에 감동을 받곤 했다.

남산에 굴러떨어진 큰 불두가 발견되어 선생님과 몇 사람이 답사를 갔는데 그 몸 전체가 발견되면 대불일 것 같았는데 찾지 못한 일이 생각나고 그 불두는 나중 박물관에 유치되었다. 어느 때는 선생님과 단 둘이서 남산 어느 협곡, 찾아야 될 유적이 있다고 하셔서 간벌된 나무가 눕혀진 어려운 통로를 지나 간신히 그 유적에 닿았는데 그때는 안전한 곳에서 취사를 하던 때라 성냥을 잊어 버려서 점심요기를 만들지 못하고 혼자 칠불암 신선암까지 올라가 성냥을 얻어와 점심을 만들었던 일과 그때 발견이 큰 공헌이 되었다고 좋아하시던 일들이 기억에 떠오른다.

부모님이 경주를 떠나실 때까지 나는 경주에 가면 윤 선생님 댁을 찾아가는 즐거움을 빠뜨릴 수 없었는데 사모님이 내오시는 조촐한 주안상에 막걸리를 드시면서 고담준론을 시간 가는 줄 모르고 끝없이 하시다가 밤이 깊어 돌아오곤 한 적이 한두 번이 아니었다.

순수하지 못한 것을 역겨워하셨고 예술이 위대한 점과 세계평화를 이룩하는데도 예술의 역할이 크다고 말씀하셨다. 나는 불교에 깊이 심취해 있었기에 선생님의 예술 지상주의에 가끔씩 불만을 토로하기도 했지만 선생님의 정신세계는 때 묻은 종교인이 얘기할 수 없는 지고성이 있었기 때문에 내 담론은 늘 거기서 끝을 맺어야 했다.

궁극으로 모든 예술은 종교의 높이와 통하는 것이며 예술도 정신의 산물일진데 그 사다리를 오르면 마지막엔 다 만나게 되는 것이라고 믿기 때문이다. 선생님은 가끔 웃으시며 유 선생은 전생에 불교 조각을 많이 한 사람 같고 남산의 불상 중 상당한 수가 유 선생 작품이 아닌지 모르겠다고 하신 적이 있다. 감히 그럴까마는 그 말씀에 공감이 가는 것은 몇몇 작품의 표정에서 그 영혼의 맑고 순후함에서 깊은 감명과 미지의 친근감을 느낀 것은 사실이다. 그리고 광선에 따라 변하는 그 표정의 신묘한 모습에서 말할 수 없는 희열을 느낀 적이 있다.

그리고 어머님의 소망으로 이층 작업실에서 불상을 조성해 모신 적이 있는데 그때 윤광주 군이 석고 작업을 돕느라고 애썼던 생각이 난다. 그 불상은 지금 어디에 있는지 무상함을 느낄 뿐이다.

나는 곡옥을 연구하며 십여 년간 연작으로 작품 활동을 한 바 있는데 여기에도 간접적인 선생님의 영향이 있었다고 볼 수 있다. 우리의 정체성을 찾는 작업에서 곡옥의 형태가 여러 가지 시사하는 바가 컸기 때문인데 그것도 우리 미의식과 근원적 연관을 지어 준 식견을 심어 주셨기 때문이다. 기실 곡옥에 대한 발생 담론은 그 이전의 치아설이나 결형연마설보다 내가 70년대 논문으로 제시했던 생명기원설이 일반적으로 통용되고 있는 듯한 추세이니 그 근원에 선생님이 계심을 잊을 수 없다.

또 하나 내게 중요한 계기를 만들어 주신 것은 직접적이진 않지만 대구의 김익진 선생님을 찾아뵙게 되는 동기를 주셨고 그로 인해 가톨릭과 불교의 만남을 심도 있게 탐구할 수 있었던 점이다. 이후 김익진 선생님의 주선으로 한 거사님을 뵙게 되고 그 세계를 교류하게 되었으니 청년기에 이보다 더 큰 다행은 없었다. 이분들은 다 정신적 스승으로 그때 미친 영향이 지대하다. 윤경열 선생님은 호가 고청(古靑)이시고 김익진 선생님은 호가 야청(也

靑)이셔서 또 한 분 시인과 함께 삼청이 계시고 서로 교우하는 사이였다. 고청은 예술 쪽에서 야청은 종교 쪽에서 청년기에 한 공간을 차지하셨다. 이분들이 어머님을 뵙게 되고 종종 집에도 들르셨는데 인생을 참으로 값있게 사시는 분들이라고 공경하셨다.

대학 방학 때 한번은 선생님 댁에 놀러 갔다가 방혜자 선생의 엽서를 보게 되었는데 파리 어느 근교의 평화로운 목가적 자연환경을 묘사하며 보내신 글이 너무 좋아서 나도 글을 보냈는데 고맙게도 답장을 받은 것이 연이 되어 서신 왕래가 몇 번 있었고 그 이후 방 선생님이 윤 선생님을 생각하는 모습에서 감명을 받기도 하였다. 예술을 통해서 세계평화를 이룰 수 있다는 윤 선생님의 말씀을 당신의 책 속에서도 발견했기 때문이다. 오랜 시간 격조했다가 이번 파리개인전을 하게 되어 뵙게 되고 길상사를 통해 방 선생님의 화실까지 가 보게 되었고 윤 선생님 얘기를 할 수 있어 좋았다.

한 분이 남겨 놓은 정신적 씨앗은 오랜 시간을 거쳐 발아하고 개화하고 열매 맺으며 다른 씨앗 속에 그 자양을 간직한다. 그것은 내가 제자들을 기르고 성숙시키는 그 자양 속에도 들어 있을 것이다. 나는 어머님으로부터 예술적 재능과 종교적 후광을 물려받았으나 그 씨앗에 자양을 주신 분들을 잊을 수 없다.

어느 생에든 자기 정신을 개오시켜 줄 수 있는 선지식을 만난다는 것은 그 생에 가장 큰 축복이기 때문이다. 나도 이젠 노쇠해 가지만 어느 생에든 선생님을 다시 만나면 다시 한 번 주안상을 차려놓고 호탕한 웃음을 웃으며 시공을 뛰어넘는 담론을 즐기리라 생각한다.

선생님, 다시 한 번 사랑하는 신라인으로 태어나셔서 다하지 못한 노래를 부르소서. 마지막에 가 뵙지 못한 영전에 이 못난 글을 바치나이다.

이달주 선생님을 추모하며

–2020년 李達周 화집

이달주 선생님 탄생 100주년을 맞이하여 기념집을 발행하게 되었음을 우선 축하드립니다. 선생님은 용산고등학교에 재직하시면서 미술반을 잘 키우셔서 지도받은 제자들 모두 선생님의 은덕을 잊을 수가 없습니다.

선생님은 동경미술학교에서 연마하신 석고 데생의 진수를 보여 주셨고 우리들은 목탄을 굽는 방법에서부터 다루는 과정을 낱낱이 터득하여 깊이를 내는 법, 원근을 나타내는 법, 양괴가 보이지 않는 곳에서 만나는 법까지 도가 틀 때까지 연마하였습니다. 탄탄한 실력을 쌓았기 때문에 미술대학에 들어가서도 단연 두각을 나타내었고 그 비법을 묻는 친구까지 있었습니다. 그러고는 방학 때는 함께 여행을 떠나 많은 추억을 남기셨습니다.

그러나 아깝게도 선생님은 오래 우리 곁에 계시지 못하고 대학 3학년 때(1962) 작고하셨습니다. 그때는 국전 심사위원 초대작품을 출품하셨는데 검은 리본을 단 소녀상을 내셨고 왜 하필 머리에 검은 리본을 장식하셨을까 의아해들 했는데 공교롭게도 그 자리에 뇌출혈이 있으셔서 작고하셨다고 하니 아마 그 작품은 당신의 임종을 예견하신 것이 아니었나 생각하게 되었습니다.

상처하신 후 오랜 고독을 견디시고 새 결혼을 하신 지 2년여 만에 생을 마감하셨으니 안타까운 일이었습니다.

성품이 고매하셔서 모든 일상을 신중하게 처리하셨으면서도 한참 더 좋은 작품이 쏟아져 나올 시기에 가셨음은 참으로 한국 미술계의 손실이 아닐 수 없었습니다.

대학에서 나는 조각을 전공하게 된 지라 2학년 초 열심히 대리석을 쪼았는데 그 첫 작품을 교내미전에 내게 되었고 선생님께서 그 작품을 보시고 당신 마음에 드셨든지 질감과 순박한 내면적 표정이 좋다고 하시고 갖기를 원하셔서 당신의 화실에 가져가게 되었습니다.

생각하건데 그 작품은 〈귀로〉에 표현하신 여인상의 표정과 상통하는 바가 있지 않았나 합니다. 동경미술학교 동문이신 김흥수 선생님과 함께 마띠엘을 중시하던 선생님은 혹시 대리석 질감과도 통하는 그 표현을 마음에 두셨던 것이 아니었나 생각합니다. 인생은 짧고 예술은 길다 라는 말이 선생님에게 잘 적용되는 것 같습니다.

〈귀로〉는 바로 선생님의 가족이었음을 장남 용범의 글을 통해 알았습니다. 뒤에 업힌 아기는 어린 동생이고 어머니와 할머니 앞에 걸어가는 아이가 용범입니다. 이 작품이 영원히 남아 있는 한 가족은 그 속에 살아 있는 것입니다.

작고하신 이후 그 이층 화실에 얼마간 가 있게 되었는데 맞은편집 수목과 정원이 내려다보이고 정취가 좋아서 선생님 생각을 많이 하였고 지금 목사가 된 장남 용범과도 친해져 아현동 약수터까지 걸으며 얘기도 많이 나누었던 것 같습니다. 그때 계셨던 선생님의 노모님, 사모님의 어린 딸, 용범의 어린 동생, 장남의 책임이 무거웠을 텐데 모두 잘 회향하고 근 반세기가 지난 이제 선생님 탄생 100주년을 맞아 목회일로 해외에서 활동하고 있는 용범이 옛 추억을 잊지 못하고 제게 추모사를 부탁했으니 꿈같은 인생사를 다시 회억하며 선생님의 기념화집이 훌륭하게 출판되기를 발원합니다.